新しき大学と ミッション経営

九鬼　一
Hajime Kuki

はしがき

新しい大学である幸福の科学大学（仮称・設置認可申請中）の船出を控えて、その設立の理念と教育の情熱から始まって、大学のなかに経営成功学部を創設する意義を主題として本書は構成されている。

本書をお読みいただくと、なぜ「経営成功学部」という名前を新しい学部に付けようとしているかがお分かりいただけるものと思う。

経営成功学は、新時代の経営のあり方を示唆するものだとも考えている。ミッション経営とそれに関連する霊的マネジメントについても述べさせていただいたが、今後の研究の可能性を自分自身感じている。そして、そのすべてが、本学の創立者である大川隆法・幸福の科学グループ創始者兼総裁のご指導の賜物である。
本書の発刊に際し、お力をいただいた方々に厚く感謝を申し上げるとともに、新しき大学の未来に、期待いただくことができたら幸いである。

2014年6月16日

学校法人幸福の科学学園副理事長（大学設置構想担当）　九鬼　一

※幸福の科学大学（仮称）は、設置認可申請中のため、学部名称も含め、構想内容は変更の可能性があります。

新しき大学とミッション経営　目次

第1章 新たなる挑戦

幸福の科学大学※が描く理想とは

※幸福の科学大学（仮称）は2015年開学に向けて設置認可申請中です。
構想内容については変更の可能性があります。

第2章

心の力が成功を決める!

『経営が成功するコツ』で読み解く実践経営学

第3章

ミッション経営が未来を創る

宗教だからできる「霊的マネジメント」とは何か

第1章
新たなる挑戦

幸福の科学大学が描く理想とは

1　なぜ新しい大学が必要なのか

今、新しき大学である幸福の科学大学（仮称・設置認可申請中、以下同）の開学に向けての最終段階にある。幸福の科学大学は、建学の理念として、「幸福の探究と新文明の創造」を掲げている。

「幸福の探究」とは何か。古来より、人間は知識を使って文明を創ってきた。文明創造に方向性を与えたのは宗教だ。人間はこういうふうに生きるべきだという神から与えられた方向性に基づいて、文明は創造されてきた。宗教によってその方向性は異なるが、あえてその共通点を挙げれば「幸福を目指せ」ということになろう。

また、文明を形創ることに成功した世界宗教の場合、自分一人の幸福ではなく、他の人の幸福も目指す、さらには社会全体の幸福を目指すべきだという方向性も与えられる。

この宗教が説いている方向性に合わせて仕事をし、生活をすると、自分自身の心が安らいでいくというのが信仰生活である。逆に、この方向性を見失い、あるいはそれに反した仕事や生活をすると、心が荒《すさ》んできて不幸感覚が強くなってくる。仮に、この世を生きている間にそうした現象（安らぎや苦しみ）が起きなかったとしても、来世で地獄に堕ちて不幸になっていく。仏教で言う「因果の理法」である。説明の仕方は異なるが、キリスト教やイスラム教でも、天国と地獄に関する教えが含まれており、来世の幸福を得るための方法を説いている。

幸福の科学教学においても同様だ。「善因善果・悪因悪果」（注1）の教えをベースに、幸福になるための具体的な方法論を持っている。他の人の幸福を目指す愛の教えもあれば、社会全体の幸福を考えるユートピアの思想も含まれている。これは、単に来世の幸福を目的とするにとどまらず、「この世とあの世を貫く幸福」

（注2）を教義の中心に置いていることと無関係ではない。

いずれにしても、宗教は、来世の存在を前提として幸福になる方法を教義化している場合が多い。そこで、幸福の科学大学では、世界の宗教が説いてきた人類普遍の真理としての「幸福」について、幸福の科学教学（教義が学問化したもの）を一つの大きな特色として、世界の宗教や哲学や思想で説いてきた幸福についての考え方を基盤としつつ、正面から探究し、研究し、教育していこうと考える。

「新文明の創造」は、大学の建学の理念としては、やや大きな理想に過ぎるかもしれない。しかし、幸福の科学教学において、新しい文明の創造は非常に重要なキーワードとなっている。大川隆法・幸福の科学グループ創始者兼総裁（以下、大川総裁）は、『奇跡の法』という著書で次のように述べている。

世界的な大宗教の寿命は、ほぼ二千年から三千年ぐらいであり、その間は、その思想の下に、さまざまなものが繁栄、発展し、新しいかたちの文明ができていきます。

かたちとして目に見えるハードの部分を文明といい、ソフトの部分を文化といいますが、文明や文化は、新しい宗教が基盤となって生まれてきます。そして、その新しい宗教は、仏神と一体となった指導者が現れたとき、あるいは、預言者が天上界からの指導を受けて仏神の心を伝えたときに始まります。

私は、少なくとも三千年後ぐらいまで、すなわち西暦五〇〇〇年ぐらいまでを射程に入れた新文明の建設が、幸福の科学の使命であると考えています。

その三千年の流れのなかにおいては、数限りない光の天使たちが地上に下り、時代の変化に合わせたイノベーションを行っていくことでしょう。しかし、少なくとも、その世界文明の基礎になる思想を、三千年の視野を持って創らなければなりません。

幸福の科学という団体は、そのような大きな構想を持った運動をしているのです。

文明の基盤は宗教だ（注3）。したがって、新しい文明を創るには、その基盤となる新しい宗教が必要である。もちろん、宗教だけが新文明の担い手になるわけではない。学問の進歩や科学技術の発展など、さまざまな要素が複雑に絡み合い、長い歳月を経て立ち上がってくるものだ。

幸福の科学大学では、新文明創造の一翼を担うために、幸福の科学の教義を学問化しつつ、「幸福」という切り口で既存の学問を学際的に研究していくことになる。

それは世界の人びと、未来の人びとを幸福にし得る幸福論であり、人間幸福学だ。また、現代文明の建設の中心的な担い手である企業活動に新しい役割と使命を与え、人びとの幸福増進に貢献できる経済活動を実現するための成功論であり、経営成功学でもある。

あるいは、現代の科学や技術が行き詰まった食糧問題や環境問題、人口問題、資源問題などを解決するための新たな技術の発明と発見を担う未来産業学でもある。

2 全入時代だからこそ本来の学問の精神を取り戻す

今、日本にある有名大学は、明治期以降に創られたものが中心となっている。さまざまな理想を元に建学され、明治以降の日本の近代化に大きく貢献した。その手法は、主として欧米の学問を導入するというものであった。幕末の黒船来航以来、欧米列強による植民地化を防ぎ、日本の独立を維持するというのが、19世紀後半以降の日本の国家的課題となっており、その具体的な対策として、欧米列強の先進的な学問や科学技術をいち早く学ぶという方法が取られたわけだ。

明治期から戦前、戦後にかけて、西洋の新しい学問を輸入して、日本流にアレンジすることで、日本の国力は瞠目《どうもく》すべき発展を遂げた。それは、明治期に近代化に成功したことや、戦後、一度は焦土化した日本が高度成長を経て、世界第2位の経済大国へと発展したことでも明らかだ。ここに至るまでに大学を中心とする諸学問の研究が果たした貢献は大きく、日本の歴史上でも特筆すべきことであったと言える。

しかし、今日に至って、日本の大学はその使命を見失いつつある。入学希望者と大学の入学定員がほぼ釣り合うという、いわゆる全入時代を迎え、大学教育を受けることの相対的な価値が低下してきているからだ。

『文部科学白書』によれば、平成23年の進学率（大学＋短大）は、56・7％となっており、昭和30年代に10％程度だったことから考えれば隔世の感がある。しかし、一方では少子化が進展し、一時期は200万人以上だった18歳人口は、平成23年には120万人にまで減っている。このため、定員割れする大学も多く、改めて「何のために大学が必要なのか」が問われている状況にある。

このような時代環境にあって、なぜ、我々が新しい大学を創らなければならないのか。当然、全入時代にあって従来型の大学を一つ加えるだけであれば、単に大学間の競争を激化させるだけで、社会的になんら貢献することはないだろう。しかし、我々は、新たな事業チャンスとして大学ビジネスに参入したくて、新しい大学を創ろうとしているわけではない（注4）。

全入時代で大学がその使命を見失いつつある今だからこそ、本来の学問の精神に立ち返って、新しい大学を創るべきではないかと考える。

幸福の科学大学の創立者である大川総裁は、『新しき大学の理念』で次のように述べている。

確かに、全体的には人口減が続いていますし、今後も続くと予想されているので、大学の多くは、「これから経営危機に直面するのではないか」と恐れているかもしれません。特に、「偏差値的な学校選びをせず、『どこでもよい』

というのなら、全員入れる学校もある」とも聞いています。

ただ、私には、「数はあれども、満たせていないニーズがあるのではないか」という気持ちがあります。そのニーズとは何でしょうか。

今、できている大学というのは、その多くが明治期に考えられたものです。「封建時代が終わり、文明開化し、西洋化していく社会のなかで、必要な人材を育てる」ということで、幕府の時代に儒学等を勉強していた方々が洋学に切り換えていく流れのなかで、大学ができてきたのです。

ただ、それは、明治の上り坂のころにはうまくいったかもしれませんが、大正・昭和期に至り、先の大戦での敗北を経たあと、次第しだいに、国家としてのアイデンティティーや未来ビジョンがはっきりと見えなくなってきたところがあると思うのです。

今、このあたりで、福沢諭吉の唱えた「脱亜入欧」的な考え方だけでは済まない時期が来たのではないかと感じています。

その意味で、「日本独自のオリジナルな文化を発信できるようなもの」が必要であると同時に、明治以降、さまざまに移入された外国のものをもとに、キリスト教文化圏以外のものについても目を配りながら、「今後の世界は、どうなるべきか」ということをデザインしていく力が必要だと思うのです。

したがって、今、あえて新しい大学を創り、世に問う理由があるとすれば、それは、「新文明の発信基地」としての大学、「新しい学問を創造する場」としての大学を創りたいということです。

ここで言う「日本の独自な文化の発信」と「今後の世界のデザイン」は、まさに、今の日本が果たすべき使命でありながら、なすことができないでいる課題だ。欧米文化へのキャッチアップにほぼ成功を果たし、世界でもっとも安全で平和で繁栄した国家を築き上げていながら、世界に対しては新たなビジョンや方向性を指し示すことができないでいる日本の現状（注5）に対し、学問の立場から何か貢献することはできないか。そのために、幸福の科学の教義を学問化し社会に提供することで、日本の新たな繁栄の扉を開くことができないか。そんな思いから、新たな大学の創立を決意したわけである。

我々が考えるそのキーコンセプトは「幸福」である。

なぜ学問が必要なのか。なぜ大学が必要なのか。なぜ社会の発展が必要なのか。なぜ貧困の克服や紛争の解決が必要なのか。日本や世界が抱える課題は無数にあるが、その共通する目的は何かと言えば、この「幸福」という言葉に収斂《しゅうれん》されよう。

幸福とは、世界のあらゆる宗教が追求してきたものだし、諸学の基盤となる哲学が探究し続けてきたものでもある。その根本に立ち返ったときに、学問の新たな未来が見えてくるのではないか。そのためには、人類がこれまで築いてきた文明の基盤となる宗教の思想や哲学をはじめとする学問の体系を教養として身につけねばならない。そうして幸福を探究していくことで、新たな未来を創造していくというのが、我々が考える大学の理念なのである。

3　この世限りの考え方が不幸をもたらす

理想の大学を考える上では、何を学ぶかという学問の内容も大事だが、何のために学ぶかという学問の目的も大事である。

昨今、名門と言われる大学になるほど、その卒業生にセルフィッシュな人間が増えている印象を受ける。社会をにぎわす品質表示偽装や汚職事件など、相次ぐ企業不祥事を見ても、有名大学の卒業生が引き起こしているケースは多い。学歴と品性は必ずしも一致しないのだ。事件に至るのはレアケースであるとしても、お金や出世を目的に勉強している人は無数にいる（注6）。無論、お金を稼ぐことや出世すること自体が、悪というわけではない。努力は報われるべきであるし、大きな仕事をするためには相応の立場も必要である。ただ、努力をして勉強をすることで培った能力を、自分のためだけに使うというのでは、いくら優秀な人を増やしたところで、利己的な社会ができるだけである。それは一連の企業不祥事と無関係ではないし、「幸福」という観点からは、理想から遠ざかっていく原因になる。

なぜ、学問の修得や学問の進歩が、幸福とつながらないのか。それを突き詰めていくと、結局、「人間はこの世だけで生きている存在だ」という考え方に行き着く。この世限りの人生という考え方からは、他の人に尽くしたり、公のために自身を捧げたりするといった公共心は割に合わないと考えるようになる。その結果、少しでも自分に有利になるよう賢く立ち回る人が増えていく。また、生まれた地域や家柄の格差についての不満も生じやすい。実際、その格差の理由を合理的に説明することはできない。もちろん、一度きりの人生だから悔いなく生きようと考えて、立派な人生を送る者もいる。しかし、一般的に言って、この世限りの考え方は人びとを利己的にしていく。

この世限りの考え方は、霊的な存在としての神仏の存在を認めない考え方だ。神仏の存在を認めないということは、誰も見ていなければ、咎《とが》められなければ、何をしても構わないという考え方につながっていく。唯物論国家、無神論国家で、独裁者による大量粛清が絶えないのはこういう理由による。

これはまた道徳の限界でもある。道徳は必ずしも霊的な存在を前提とはしないため、「人に迷惑をかけなければいい」という考え方になかなか歯止めをかけられない。いわゆる、この自己決定権的な思想からは、売春や人工妊娠中絶などについて、なぜいけないのかの説明が十分にできない（注7）。

これが、教育のなかで宗教を教えるべき理由の一つだ。

人生はこの世限りではなく、来世があり、天国と地獄がある。神仏と言われる霊的存在があって、人びとを見守り、導いている。こうした考え方は、幸福の科学だけが言っているわけではなく、主要な世界宗教は同様の教えを説いている。単に、宗教という特殊な世界で信じられているだけでなく、現代の仕事論としても有効な指針として信じられている。それは、マネジメントの父と呼ばれるP・F・ドラッカーが好んで使う、ギリシャの彫刻家フェイディアスのエピソードでも明らかだ。

紀元前四四〇年ころ、彼はアテネのパンテオンの屋根に建つ彫像群を完成させた。それらは今日でも西洋最高の彫刻とされている。だが彫像の完成後、フェイディアスの請求書に対し、アテネの会計官は支払いを拒んだ。「彫像の背中は見えない。誰も見えない部分まで彫って、請求してくるとは何ごとか」と言った。それに対して、フェイディアスは次のように答えた。「そんなことはない。神々が見ている」。

P・F・ドラッカー『プロフェッショナルの条件』

目に見えない存在を前提とすることで、世俗的な価値観を超えて、本当の意味での努力の価値や利他的な公共心が生まれてくる。後世、人びとの尊敬を受けた歴史上の人物が、ほとんど例外なく敬虔な信仰を持っていたことは決して偶然ではない（注8）。

学問の世界も同様だ。人類が営々と築いてきた学問の成果を、誰かの利己的な満足の手段として使うのではなく、より多くの人びとを幸福にするための文明の進歩の手段として使うためには、単なる道徳教育を超えて、宗教教育が必要だ。すでに2010年に開校している中高一貫校の幸福の科学学園では、「高貴なる義務」というものを理念として掲げている。大学でも、当然、この理念は引き継がれていく。学問を修める目的は、「未来への貢献」にある。自分のためだけの勉強ではなく、世のため、人のための勉強であるという原点を忘れないことが、本当の意味でのエリートを育てていくことになるはずだ。

4　なぜ宗教が大学を創るのか

「宗教を教える大学ならすでにたくさん存在している。利己的な人間が増えていると言うなら、宗教大学は機能していないということではないか」という反論もあるだろう。宗教と一口に言っても、その内容は千差万別だ。したがって、その効果も千差万別である。ある店に欲しい商品がないからといって、他の店にないとは限らない。ある宗教の教育に効果がないからといって、別の宗教も効果がないとは限らない。

大学を持つ宗教ということで言えば、仏教やキリスト教がその代表だが、二つの宗教が学問の進歩に果たしてきた功績は大きい。インドのナーランダ大学は、世界最古の大学の一つだが、最盛期には1万人が滞在し、1500人の教員がいたと言われる（注9）。仏教の教学の中心であり、諸国から学僧が集まり、仏教をベースとしたアジア独自の文化の発信基地となった。奈良仏教の興隆の中心となった東大寺や興福寺も、事実上の大学の機能を持っていたし、平安時代の最澄や空海も、最先端の仏教の教学を中国で修めて、日本に持ち帰って人びとを教化しており、これも今日で言う大学の役割を担っていた。

世界有数の名門校として知られるハーバード大学、イェール大学、プリンストン大学も宗教によって創られた大学であり、長い間にわたって、政財界に有為な人材を供給し、現代文明の発展に貢献している。

しかし、仏教はすでに2500年、キリスト教も2000年を超える歴史があるため、その教義の体系は膨大で緻密なものとなっているが、必ずしも現代社会に対応しきれていない。典型的なのは経済に関する教義である。2500年前のインドにしても、2000年前の中東にしても、今日のような貨幣経済は十分に発達していなかった。いわゆる経済成長というのは、産業革命以降、長く見てもこの200〜300年に出現した新しい現象に過ぎず、従来の教学にはその指針が説かれていない。有名な「金持ちが天国に入るのは駱駝《らくだ》が針の穴を通るより難しい」という新約聖書の言葉も、今日の経済社会を想定したものではない。字義どおりに受け止めてしまえば、迂闊《うかつ》に成功すれば地獄に堕ちてしまうことになる。豊かな文明生活を送る先進国の国民はすべて地獄に堕ち、飢餓に苦しむ途上国の国民は天国に入るという解釈さえ成り立ちかねない。

キリスト教に限らず、仏教にもおいても、その他の宗教においても、金銭を不浄とする教えは多い。そこで、教義の解釈に変更を加え、その時代の生活環境に適合するように、数々の宗教改革を経て対応をしてきた。

ルターやカルバンの宗教改革もその一つだ。その結果、マックス・ウェーバーが『プロテスタンティズムの倫理と資本主義の精神』で解き明かしたように、プロテスタントの登場によって資本主義が発生したという考え方もある。実際、その後の歴史を見ると、イタリアやフランスといったカトリック国よりも、プロテスタント国である、オランダ、ドイツ、イギリス、アメリカが資本主義の繁栄を謳歌《おうか》している印象がある。

しかし、ルターやカルバンは、資本主義の発生を明確に意図して宗教改革を企てたのではなく、節制や勤勉といった新教の徳目を多くの人が実践したら、結果的に資本主義が発達したということであろう。教義そのものに、貨幣経済に対応した教えがないという事実に変わりはない。

やや旧聞に属するが、2001年に当時アメリカ有数の巨大企業であったエンロンが、大掛かりな不正会計をしていたという事件などは、宗教を背景とした倫理観がビジネスの世界から急速に失われていることを象徴するような事件であった。

こうした時代的背景から、新しい時代に対応した新しい宗教が必要とされていると言える。幸福の科学の運動は、そうした時代的な要請を受けたものなのだ。

幸福の科学の教学の体系は、従来の世界宗教が時代適合性を失ってしまった部分を補完する教えが含まれている点が大きな特徴となっている。

その一つが、現代の貨幣経済を前提とした「発展」の教えが入っていることであり、科学技術の発展に対しても開かれた姿勢を持とうとしている点である。これは、かつて教会が地動説を主張した学者たちを異端として迫害した歴史から教訓を得たものだ。

この点が従来の宗教系大学とは異なる点であり、未来志向で文明の発展に貢献しようという意欲の現れである。

また、単に現代社会に適合させるということにとどまらず、本来の学問の精神に戻るという視点も欠かせない。

学問の祖はソクラテスだ。ソクラテスが哲学を興し、弟子のプラトンが著作に記し、孫弟子のアリストテレスが整理・体系化してさまざまな学問が起きたわけである。では、ソクラテスの時代の学問とは、そもそもどのようなものであったのだろうか。

ソクラテスと言えば、当時の知識人たちと問答を繰り返して真理を探究した〝産婆術〟でも知られる。この問答によって哲学が始まり、哲学から倫理学や数学、自然科学、政治学、法学など、あらゆるジャンルの学問が生まれていった。

では、なぜソクラテスは問答を始めたのか。そのきっかけとなったのが、デルフォイの神託だ。デルフォイは、古代ギリシャ中部のアポロン神殿のある地であり、神託とは、政治や外交など、さまざまな問題に対して、当時の都市国家が神にお伺いを立てることである。あるとき、ソクラテスの友人カレイフォンが「ソクラテスより賢い人間はいない」という神託を得たが、ソクラテス自身は「自分より賢い人間はいるはずだ」と疑問を持ち、当時の知識人に会いに行き、問答を繰り返して神の言葉の検証作業を始めたのだ。その結果、「私も他の人たちも知識は大したことはない。しかし、彼らはそれを自覚していない。私は無知を自覚している分だけ、彼らより知恵があるのだ」と気づく。これが有名な「無知の知」である。

この学問の始まりに関するソクラテスのエピソードは、重要な示唆を我々に与えてくれる。つまり、学問は、デルフォイの神託の探究から始まったのだ（注10）。デルフォイの神託とは、要するに神から預かった言葉であるから、いわば、預言や霊言の探究から学問は始まったということになる。

神の言葉を探究することは、宗教の教学そのものである。したがって、宗教を研究したり、宗教の教育をしたりすることは、本来の学問の精神に立ち返ることでもある。

5 「人間幸福学」の本当の狙いとは

幸福の科学大学における人間幸福学は、まさにこのソクラテスの精神で、人間とは何か、幸福とは何か、善悪とは何かを探究していくものだ。幸福の科学教学や霊言の内容から、あらゆる学問やこの世の活動について、「人間の幸福」というキーワードで再整理し、何かもう一段の価値判断を構築するわけである。
カリキュラムのなかでは、幸福の科学の教学だけではなく、哲学や思想、歴史、語学、地域文化などの研究も行う。ある意味でオーソドックスな人文系の科目を用意しているわけだが、一点、他の大学と異なるのは、「幸福」という部分がその教育・研究の目的性・志向性としてすべてを貫いているということである。大川総裁は『「人間幸福学」とは何か』で次のように指摘している。

「人間幸福学」的観点から見て、結果的に人間を幸福にしていく方向に向いているか否か、社会を幸福にしていく方向に向いているか否かを研究していく必要はあるでしょう。

幸福の科学大学は、宗教が母体となって設立される大学であることもあり、当然ながら、僧職者養成のためのカリキュラムが用意されている。そこでは、幸福の科学の教学をベースに、幸福とは何かを研究することになる。しかし、大学である以上、検証不要な絶対的な教えとしての「教義」ではなく、あくまでも学問としての「教学」となる。誤解を招きやすい部分ではあるが、宗教と学問には本質的な違いがある。大川総裁の説明は次のとおりである。

「宗教と学問とは、どう違うか」と問う人もいますが、宗教とは、一般に、人間の生と死を貫いて考えられるものです。つまり、この世ではつじつまの合わない行為や、論理的ではない行為、あるいは、原因・結果の法則においてつじつまが合っていない部分も、死後の世界を説くことにより、あの世の世界まで延長して考えればつじつまが合うというかたちで考えることが多いわけです。

例えば、イエスが、この世でよいことをしたにもかかわらず、十字架に架かるのは、いかにも理不尽なことではあります。しかし、あの世の世界までつなげて考えた場合、どうなるでしょうか。

「十字架に架かって犠牲になることによって、つまり、多くの人たちの罪を背負い、それを贖うために、罪なき人が死ぬことによって、多くの人たちにその罪を悔い改める機会を与えたのだ。そして、大いなる使命を完成されたのだ」ということであれば、あの世まで貫くことで、宗教としては、その起承転結というか、原因・結果の法則を貫けることになるわけです。

ただ、学問だけであれば、そこまでは言えないところがあります。学問はあくまでも、この世の世界において現れたる事象のなかから、ある程度、原因・結果の法則や、功罪、あるいは、幸福・不幸の原理等を見極めていく必要があるでしょう。

これは、決して、「死後の世界を、科学的に、あるいは、学問的に探究しよう」という試みを排除する考えではありませんが、あくまでも学問として立てようとする以上、この世的な部分での原因・結果の法則をも十分に念頭に置いたアプローチでなければならないと思います。

例えば、死後の世界について、宗教の側からは、いろいろな霊界のリサーチがなされていますけれども、「それを、どのように、この世の世界の生き方、人間としての生き方に反映できるのか」という観点を入れ、それを抽出し、教訓として取り出すことができるならば、「学問としての機能」を十分に果たしつつ、「宗教としての機能」とは違う面を出すことができるのではないでしょうか。

『「人間幸福学」とは何か』

これは、幸福の科学の教義についても、他宗の教義についても、厳密な意味での再現性の立場からは科学的とは言えないとされる現象についても（奇跡や霊現象など）、できる限り、何らかの法則性を見出し、論理的・合理的な説明を試みていくことである。あるいはまた、人びとを幸福にする方向性かどうかという価値判断を加えていく試みでもある。

宗教の「宗」とは、「おおもと」「中心となるもの」という意味であり、本来、宗教だけで論じられるものではない。単に各宗派の教義の違いを比較したり、一つの閉じた特殊な業界として研究すべきものではなく、哲学や思想、歴史はもちろん、法律や政治、経済、科学等の観点も入れて、さまざまな角度から再検討すべきものだ。

この意味で、人間幸福学は、次に述べる経営成功学や未来産業学の基盤となる学問になっていくことになる。

6 「経営成功学」が担う使命

経営成功学は、人間幸福学を具体的に、あるいは、プラグマティックに展開したものだ。経営学に「成功」という言葉が入っているが、その背景にはさまざまな意味が込められている。

一つは、「結果に対する責任」が入っているということだ。昨今、企業業績は構造的に厳しい状況にある。倒産件数は、高度成長期には千件台から数千件台で推移してきたが、オイルショックの影響を受けた昭和40年代以降、1万件台が定着し、好景気に沸いた平成元年と2年を除いて、毎年1万社以上が倒産している。倒産の背景には、失業、夜逃げ、自殺といった悲惨な状況が展開しているのは容易に推測できる。我々が繰り返し主張している「幸福」という観点からも、克服すべき国家的課題であると言える。

企業の業績不振は、国家税収にも負の影響を与えている。国税庁「平成24年度分会社標本調査」によれば、法人の約70%が欠損法人、すなわち赤字である。昭和26年の段階では16・5%であることを考えると、明らかに異常だ。戦後、一貫して、赤字企業の割合が増え続けているわけであり、これでは法人税収が減るのも当然である。

さらに深刻なのは、休廃業・解散件数が平成25年に過去最多となる2万8943件に至っており、企業そのものの数が減っていることだ。平成21年以降、会社開業率は会社廃業率を下回っており、若者の起業意欲はかつてないほど冷え込んでいる。

こうした状況については、安倍政権も深刻に受け止め、平成25年6月に閣議決定した「日本再興戦略」で、「開業率が廃業率を上回る状態にし、開業率・廃業率が米国・英国レベル（10％台）になることを目指すこと、中小企業・小規模事業者の成長分野への進出を支援し、2020年までに黒字中小企業・小規模事業者を70万社から140万社に増やす」ことを明記している。

経営成功学でも、まさに同様の問題意識から、起業家を増やし、黒字企業の増加に少しでも貢献したいという志を持っている。その意味で、経営成功学の理念は、国家目標と明確に連動している。

もちろん、黒字経営の方法が学問的に確立しているわけではない。教員と学生が一体となって、その方法論については研究を続けていく必要がある。そのために、経営成功学部では、既存の経営学の体系の基本を押さえつつ、創造性や実践性を伴った科目を配置し、黒字体質の企業になるための考え方や手法を探っていくことになる。

我々の考える「経営における成功」とは、当然ながら、黒字になればよいという単純なものではない。長期にわたる成功を志向する。つまり、ゴーイングコンサーンの観点から、長期にわたって従業員の雇用を維持し、取引先や地域などを含めたステイクホルダーに対する社会的責任を果たし、顧客に有益な付加価値を提供し続ける企業を目指す。また、企業不祥事が絶えないなか、人格的に優れた徳のあるビジネスリーダーの輩出も目指すべきだと考える。この意味では、宗教の考え方を学ぶことが有益であろうし、通常の経営学部との大きな違いにもなる。企業の成功が、関係者の幸福につながってこそ、社会全体の幸福に役立つことになる。これは仏教で言う自利利他円満の考え方とも合致するものである。自分の成功を他の人の成功にもつなげていくという幸福の科学の考え方とも一致している。

また、大川総裁の説く経営論は、ゼロから立ち上げた幸福の科学を短期間で戦後最大の宗教へと飛躍させた実績の裏づけがあり、企業の成功には大きなヒントを与えることになるはずだ。

今日、経営のスキルは、経営者やビジネスパーソンに限らず、学校や病院などの非営利組織や地方自治体や政府などの公共経営の分野でも必要とされているため、広く社会の役に立つことができるに違いない。

結局のところ、経営に成功の文字を付して新しい大学を立ち上げようとしている理由は、大川総裁が『究極の国家成長戦略としての「幸福の科学大学の挑戦」』のなかで述べた、「私たちには、『使命感を担いたい』という意志があるわけです」という言葉に尽きるだろう。企業の成功を通じて、繁栄を実現し、幸福を広げていく。そのために、経営成功学の研究によって貢献したいということだ。

7 「未来産業学」の考える理想とは

未来産業学は、理系の学問だ。人間の幸福というものを中心に考えたときに、文系の学問だけで社会全体の幸福を実現できるかと言えば、疑問が生じざるを得ない。

貧しくても心が平安であれば幸福であるという考え方もある。しかし、貧困によって犯罪が増え、病気が蔓延するという現実もある。世界を見渡せば、9億人近い飢餓人口がいる（注11）。これを心の持ちようだというだけで済ますことはできない。そうすると、社会全体の豊かさを実現していくということは、非常に大事となる。

その取り組みの一つが、前節で述べた経営成功学だ。しかし、貧困の克服を考える際に、食糧不足の解決や新しい資源の活用、エネルギー危機の克服などの諸問題を解決する必要が出てくる。これは、マネジメントのスキルの修得では足らず、やはり、新しい科学技術の開発が必要になる。そこで、理系の学問が必要になるわけだ。

一度にすべてのことができるわけではないため、第一段階として工学部系からスタートするが、工学部と言わずに未来産業学部と称するのは、単にエンジニアとしての技術者を養成するにとどまらず、新しい技術によって社会全体の豊かさを広げていこうという志を持っているからである。

また、宗教系の大学として、科学技術の教育・研究に倫理観を入れていくことも大事となる。特に生命科学の分野では、iPS細胞にしても、STAP細胞にしても、遺伝子工学にしても、臓器移植、クローン技術（注12）にしても、ある意味で神の領域に入り込もうとしている。科学技術の進歩は原則、肯定すべきではあるが、そこには善悪の判定が必要になってくる局面は必ず現れてくる。

もっとも新設の学部として、そこまでの研究がすぐにできるわけではなく、まずは、工学部の範疇に入る技術のなかで、機械系と電気系、その融合技術であるメカトロニクスにある程度絞り込んでのスタートになる。比較的早い段階で産業化が可能な分野から取り掛かっていくのが現実的だと考えるからだ。

しかし、将来構想としては、四つの課題を解決したいと考えている。①食糧問題の解決、②エネルギー問題の研究、③宇宙技術の開発、④理論物理学の研究による宇宙の解明——である。①は、植物工場の普及や新しい魚の養殖技術などで、②は原子力発電の安全性の向上、メタンハイドレート、シェールガス、シェールオイルなどの可能性の検証などで、③はロケット技術や衛星技術、航空技術などで、④は宇宙の多次元構造の解明などである。ほかにも、新しい交通技術や移動技術、生命科学、災害の予知や防災、建築技術など、研究したいテーマは無数にある。これは日本を救うのみならず、世界全体、地球全体にとって有益な研究になるはずだ。

短期間で成果が望めないものも含まれているが、大学の創立者の大川総裁が、「創立者としての私の願いは、『フロンティアに向かって突き進み、切り拓いていけ』ということです」(『「未来産業学」とは何か』)と述べているように、可能な限り、制約を設けることなく、大きな志をもって、未来の産業を創り出すことが使命だと考えている。

例えば、宇宙人の存在や霊界の存在などは、現代においては〝キワモノ〟扱いされがちだが、こうしたものでも真摯な姿勢で向き合い、研究を進めていくことが、本当の意味での科学的な態度だと言える。

当然、新奇性ばかり追い求めればいいというわけではない。現実的に未来産業を創ろうとすれば、技術を開発するだけではダメで、経営のスキルも必要になる。資金を集め、人を使えなければ、実際に新しい技術は社会で活用されていくことはない。そのため、隣接する経営成功学部とタッグを組みながら、事業の成功を見据えた技術開発を志向することになる。発明家のエジソンが、単に技術的な発明をしただけでなく、マスコミを集めて新発明の発表会をしたり、熱心にＰＲをして資金集めをしたりしたことはよく知られている。世界的な大企業であるＧＥの創業者でもある。研究者でもあり、技術者でもあり、経営者でもあったわけだ（注13）。未来産業学部で考える一つの理想の姿である。

8　新文明の創造を目指して

本章の最後に、幸福の科学大学の将来構想を簡潔に述べておきたい。すでに触れたように、新文明の創造を担いたいと考えている以上、開学時点では定員２６０人の規模を予定しているが、いずれは学部も増やし、日本のみならず、世界に雄飛する人材を輩出していきたいと考えている。

特に グローバルな世界で活躍する人材については、開学時から力を入れる予定となっている。英語を中軸に語学教育に力を入れ、国際的な舞台で英語を使ってディスカッションし、ディベートできる人材をイメージしている。単に議論に強いというだけでなく、日本発の文化や思想、考え方、そして宗教的な背景についても、説得的に発信できる人材である。

また、その使命の一つは、僧職者の養成でもある。幸福の科学の教学をじっくりと学ぶことは無論、キャンパスにはピラミッド型の礼拝堂があるため、精妙で霊的な磁場のなかで、宗教家として必要な瞑想修行や禅定修行ができる環境が整っている。霊的なインスピレーションを得ることができる環境は、僧職者だけでなく、ビジネスリーダーや技術者、研究者になる人にとっても、優れたアイデアを得る助けとなるはずだ。

大学の発展構想としては、まず人間幸福学部、経営成功学部、未来産業学部の三学部でスタートする予定だが、次にはグローバル人材を輩出するための国際学部や法学・政治学系の未来創造学部を構想している。理学系や農学系の未来科学部や教育学部、医学部もいずれは必要だと考えている。

現在の延長線上だけの発想であれば、現実離れしているように見えるかもしれないが、「幸福の探究と新文明の創造」という理念から考えれば、さらに大きな構想が必要になってくるはずである。

大川総裁は、開学当初の三学部構想について、興味深い指摘をしている。

この三つの学部は、全部、トータルで力を合わせると、実は人口を増やす力にもなるんですよ。人間の幸福感を高め、経営が成功して会社が発展し、やっと人を雇えるようになり、さらに新しい未来産業ができてきたら、これは多くの人口を養えるようになるわけです。

『究極の国家成長戦略としての「幸福の科学大学の挑戦」』

日本の成長が長らく鈍化している問題の根底には人口減の問題があることは多くの人が指摘している事実だが、実は幸福の科学大学で研究を始めようとしている学問は、人口を増やす力になるという。つまり、国家戦略そのものを担うという志を述べているのだ。

幸福の科学大学は、全入時代の新設校であるため、厳しい船出になるかもしれない。しかし、だからこそ、大きな志を立てる必要がある。今までにない大学を、新しい学問の創造をなせる大学を、未来へ貢献する心を胸に抱いて建学するべきだろう。

現在、名門と言われる大学も、規模の小さな創業時から、大きな志を持っていた。例えば、早稲田大学（設立当初は東京専門学校）を創立した大隈重信は、「社会の必要、時勢の要求」を大目的として、実学重視の大学を創った（注14）。以下は、大隈重信が大学設立に向けた言葉だ。

苟《いやしく》も人類社会に実用を為す処のものは、一として活学問ならざるはないのである。然《しか》るに恰《あたか》もそこに別物の存するが如く考うるものがそもそも誤っているのだ。本が読めても、理屈は分かっても、社会に一向実益を為し得ないものは更に誤っている。（中略）
青年はどこまでも社会の必要、時勢の要求を看破して目的を定め、既に目的を定めたら、まず書物からも世上の出来事からも、自分の苦しい境遇からも、熱心と趣味とを以って、自己の目的に必要なる知識を吸収し、而《しか》して大人物たるの素地を造らねばならぬ。活学問なる物がありとすれば、即ち是であろう。
島善高『大隈重信』

官費を一円も使わない民間の一専門学校でありながら、「学問の独立」を基本精神とし、国家の諸問題を解決せんという気迫が伝わってくるようだ（注15）。

幸福の科学大学も、人口問題、食糧問題、資源問題、エネルギー問題、貧困や紛争などの問題の解決という「社会の必要、時勢の要求」に応えるために、微力ながら、少しでも貢献したいと考えて設立するものだ。そのために我々は「幸福の探究と新文明の創造」を果たしていくことを決意している。

参考文献

1．大川隆法総裁の著作

大川隆法．（2001）．奇跡の法．幸福の科学出版．

――――．（2007）．復活の法．幸福の科学出版．

――――．（2008）．幸福の科学とは何か．幸福の科学出版．

――――．（2011）．教育の法．幸福の科学出版．

――――．（2011）．幸福の科学学園の未来型教育．幸福の科学出版．

――――．（２０１３）．新しき大学の理念．幸福の科学出版．

――――．（２０１３）．「人間幸福学」とは何か．幸福の科学出版．

――――．（２０１３）．「経営成功学」とは何か．幸福の科学出版．

――――．（２０１３）．「未来産業学」とは何か．幸福の科学出版．

――――．（２０１４）．「正しき心の探究」の大切さ．幸福の科学出版．

――――．（２０１４）．究極の国家成長戦略としての「幸福の科学大学の挑戦」．幸福の科学出版．

2．その他の文献

ドーソン，C．（１９５４）．進歩と宗教．（刈田元司　訳）創元文庫．

ドラッカー，P．F．（２０００）．プロフェッショナルの条件．ダイヤモンド社．

HSエディターズ・グループ編．（２０１１）．偉人たちの告白．幸福の科学出版．

渡辺照宏．（１９９２）．仏教のあゆみ　インド・中国篇．大法輪閣．

マックス，ヴェーバー．（1989）．プロテスタンティズムの倫理と資本主義の精神．（大塚久雄　訳）．岩波文庫．

プラトン．（1927）．ソクラテスの弁明　クリトン．（久保勉　訳）．岩波書店．

中野幸次．（1967）．ソクラテス．清水書院．

ザ・リバティ通巻226号（2013年12月号）．大学の使命．幸福の科学出版．

島善高．（2011）．大隈重信．佐賀県立佐賀城本丸歴史館．

注1　幸福の科学の根本経典『仏説・正心法語』の「目覚めの言葉『次第説法』」にある仏教の言葉で、因果の理法を指す。善因善果・悪因悪果を知らぬことを「邪見」と言い、善い心が善行を生み、善行は必ず福徳があることを説いている。

注2　大川隆法著『幸福の科学とは何か』では、「幸福の科学が求めている幸福というものは、単に、この世だけの幸福ではなくて、この世で幸福でありつつ、来世の幸福をも保証するもの、すなわち、この世とあの世を貫く幸福である」と説明している。

注3　イギリスの歴史家ドーソン（1889－1970）の主著『進歩と宗教』には、「世界の偉大な諸文明が、一種の文化的副産物として偉大な宗教を生み出すのではない。真の意味における偉大な宗教こそ、偉大な文明の依拠すべき根底であるのである。宗教を喪失した社会は、早晩文化を喪失した社会と化し去ってしまうだろう」「宗教は社会生活における偉大な動力であり、文明における重要な変革は常に宗教的信念と理想との変化に関連している」とある。

注4　大川隆法著『「正しき心の探究」の大切さ』には、「別に学校をつくってみたくてつくっているのではありません。あくまでも宗教的真理の展開として、この世を照らす一つの方法、あるいは方便として、教育という側面から光を当てようと努力しているわけです」とある。

注5　大川総裁はこの問題に対し、『奇跡の法』で次のような興味深い指摘をしている。「多くの日本人は、深層心理では繁栄を恐れていたのではないかと私は感じるのです。目標とする国があって、それを追いかけていくのは、わりと楽だったのですが、『追い抜いてしまうのは怖い』という集団心理、深層心理が日本人にあったのではないでしょうか。『このままアメリカを超えてしまったら、そのあと、どうするのだ』ということです。『追い抜いたあと、どうするか』という

見取り図がなければ、その先が非常に怖いわけです。（中略）そういう潜在的な恐れが日本人には強くあり、それが集団ヒステリー現象のようなものを生んで、『濡れ手で粟のようなもうけ方はいけない』『経済のあまりの発展は行きすぎだ』『バブルはよくない』などと発言する、にわか倫理学者がたくさん出てきて、日本経済をつぶしにかかったのです。彼らは『一時的な調整で済む』と思っていたようですが、私の予想どおり、日本の経済は長期的な低迷に入ってしまいました。二十一世紀以降のビジョンがはっきりしないかぎり、日本はこの低迷から抜けられないと思います。なぜなら、いま述べたとおり、アメリカを超えることが恐ろしいからです」。

注6　ベネッセ教育総合研究所の「学習基本調査・国際6都市調査報告書」（2006－07の調査）によると、東京の小学生は、勉強の効用について、「お金持ちになる」ために42・6％、「出世する」ために64・3％が「役に立つ」と答えた。ただし、いずれもソウルや北京、ヘルシンキ、ロンドン、ワシントンD.C.より低かった。

注7　例えば、いじめ問題についても、大川総裁は道徳の限界を『教育の法』で次のように示している。「道徳では、『なぜか』ということ、『なぜ、そうしなくてはいけないのか』ということが、

どうしても示せないのです。やはり、仏神、仏や神のことから始めて、あの世とこの世があること、人間の正しい生き方、そして、『死後に天国も地獄もあるのだ』ということ、ここをきちんと教えないと、いじめ対策はできません。根本的には、ここなのです。これを信じていない人には、他の人の指導はできません。『正しい心』は教えられないのです。『これをしてはいけません』『ルールを守りましょう』ということだけしか言えないのです」。

注8　例えば、ヘレン・ケラーは「私は魂の不滅を信じます」、ワシントンは「神と聖書がないならば、この世を正しく統治することは不可能である」、マハトマ・ガンジーは「宗教心なしでは、誰も生きられない」、ヘンリー・フォードは「何ごとも神が支配しておられる」、ジョン・ロックは「神の存在を否定する人々は、決して寛容に扱われるべきではありません」と言っていた。

注9　渡辺照宏（1907－1977）によると、ナーランダは6世紀中頃、グプタ朝のクマーラグプタ1世の寄進によって僧院が建てられ、その後も代々の王が増築し、仏教研究の中心地となって栄えた。玄奘三蔵が4年間留学して学んだことでも知られる。

注10　大川隆法著『「人間幸福学」とは何か』や「ザ・リバティ」通巻226号（2013年12月号）

「大学の使命」に詳しい。

注11　国連の食料関連3機関（国連食糧農業機関、国際農業開発基金、国連世界食糧計画）によると、２０１１～13年の間、世界で約8億４２００万人が慢性的な飢餓に苦しんでいる。そのうち98％が途上国に集中している。１９９６年の世界食糧サミットでは、世界の飢餓人口を２０１５年までに半減させる目標を掲げ、ある程度の削減には成功しつつあるが、半減は極めて困難な状況にある。

注12　脳死臓器移植とクローン技術については、幸福の科学では宗教的見地から問題が大きいと考えている。大川隆法著『復活の法』などによれば、脳死の段階では霊体が肉体から離れていないため、臓器の摘出は激しい衝撃と痛みをもたらす可能性があるとする。また、クローンについては、大川隆法著『女性リーダー入門』などで、人間の魂が宿るとは限らないことに言及している。

注13　発明家ということで言えば、今日、どちらかというと企業家として知られている豊田佐吉や井深大、本田宗一郎などは、「発明家出身の経営者」という見方もできるが、「経営者としても

成功した発明家」という見方もできるだろう。自動車の発明をしたカール・ベンツやヘンリー・フォードも同様である。

注14　大隈重信の腹心であった小野梓（1852－1886）は、東京専門学校（後の早稲田大学）の開校式の演説で、「一国の独立は国民の独立に基いし、国民の独立は其精神の独立に根ざす。而して国民精神の独立は実に学問の独立に由るものなれば、其国を独立せしめんと欲せば、必らず先ず其精神を独立せしめざるを得ず。而して其精神を独立せしめんと欲せば、必らず先ず其学問を独立せしめざるを得ず」と訴えた。

注15　大隈重信は、単に早稲田大学を創っただけでなく、慶應義塾大学を創立した福澤諭吉と協力関係にあったほか、同志社大学を設立した新島襄を支援したり、日本女子大学の設立にも尽力したりするなどしている。

第2章
心の力が成功を決める！

『経営が成功するコツ』で読み解く実践経営学

1　成功を目指さなければ経営ではない

第2章では、経営を学ぶにあたって、なぜ「成功」を志すことが大切かというテーマについて、２０１４年6月に発刊された大川総裁の経営書『経営が成功するコツ』をテキストに、実践的な切り口で考察を加えていく。

なお、『経営が成功するコツ』は、２０１４年5月24日に行われた経営者向けの法話を経典化したものだ。

最初の重要論点は、「成功を目指さなければ経営ではない」である。これは、我々が研究を続けている経営成功学の中心的なコンセプトでもある。

経営は、確かに厳しいものです。「実際にやってみたら難しいし、失敗は多い」というのは、そのとおりかもしれません。

しかしながら、経営を目指す以上は、失敗を目指すわけにはいかないのです。失敗することはあるでしょう。しかし、失敗を目指すわけではないのです。「成功を目指さない経営」などというものは、経営ではありません。

したがって、「経営学」と名が付く以上、成功を目指さなければならないのです。あくまでも成功を目指さなければいけません。

『経営が成功するコツ』17頁

既存の経営学のディシプリンとしては、経営学原理、経営史、企業論、経営管理論、経営組織論、人的資源管理、マーケティング、経営工学、経営情報学、会計学などが挙げられる。これらの学問を体系的に学ぶことが必要だというわけだが、「成功」という観点から見たときに、どの程度機能しているかという検証が必要だと考えるのが経営成功学の立場となる。

第1章でも指摘したように、現在、7割の企業が赤字となっている（注1）。しかも、戦後一貫して増え続けており、減少する気配はない。これは大変な数字なのではないか。少なくとも、半分以上が赤字という〝負け越し〟の状態にあるのは、何とかすべきではないか。経営成功学を研究するにあたっては、そういう問題意識が出発点としてある。

実際に、黒字企業を増やすことは、税収の観点からも国家的な重要課題となっており、安倍政権の「日本再興計画」にも成長戦略（注2）として盛り込まれている。ところが、現在の経営学では、この時代の要請に十分に応えきれていないのが現実であろう。

もちろん、これは既存の経営学を否定しているわけではない。既存の経営学の知見は、経営者として知らないより、押さえていたほうがよいし、幸福の科学大学でもカリキュラムに組み込んで、経営に関する基本知識としてしっかりと学生に教えていく方針を採っている。

しかし、実際に経営をしている立場からすれば、現在の経営学には不十分な点があることは確かだ。少なくとも、実践経営における〝ミソ〟の部分については、十分に教えられているとは言えない。

では、我々が学生に教えるべき〝ミソ〟とは一体何であるか。それは実は「成功」という言葉にある。

経営成功学はまだ誕生して間もないこともあり、ディシプリンが不明確で、体系性が不足しているという批判をいただくこともある。しかし、我々が経営を学ぶにあたって、経営学と言わずに、わざわざ経営成功学と言い換えているのは、「成功」という言葉を入れたこと自体に、「現在の経営学は、実は成功を目指していないのではないか」という一つの問題提起をしたいからだ。経営は本来的に成功を目指すべきものである。赤字を目指して経営している人はいないはずだからだ（節税・脱税目的では一部あり得る）。

実際に、経営をしたことがあれば、経営成功学部とすべき理由は容易に分かる。

大川総裁は次のように説明している。

もし、経営者の経験が実際にある人に対して、「経営学部と経営成功学部のどちらかをつくるとしたら、どちらを選びますか」と訊いたならば、迷わず、「経営成功学部」を取ると思います。これが経営者なのです。経営者なら、そう選ぶはずです。

なぜでしょうか。もちろん、経営的観点から見ても、学生が魅力を感じる名前であって、学生が集まってくるという意味で、「大学経営という意味では、成功する名前の付け方である」ということは、経営者なら誰が見ても分かることです。

そうであると同時に、やはり、この名前を付けることによって、「責任」が生じるのは明らかなのです。「責任」や「使命感」が必要とされるのは明らかであるので、「これは、経営者なら賛成し、経営したことがない人は反対する可能性がある、リトマス試験紙のようなものだ」と思います。

『究極の国家成長戦略としての「幸福の科学大学の挑戦」』

「現象を分析したら、こういう結果だった」という形で研究したものは、それはそれで事実として尊重すべきだ。しかし、後付けの研究だけで未来の経営の成功が果たせるわけではない。現実の経営は、客観的事実の分析からは成功の保証は得られなくとも、リスクを負って挑戦し、その結果として、経営を成功させて、この世に富を生み出していこうとするものなのだ。

学問も同様だ。そこで、我々は実践経営学的な立場から、経営成功学部という学問を研究し始めている。それは、リスクを負って成功を志向することが学問の世界にも必要ではないかという問いかけでもある。もちろん、評論活動の一環として問いかけているわけではない。実践を前提とした経営者の発想をしているわけだ。

リスクを負って新しい事業を展開する場合、「失敗したらどうするのだ」という批判が必ず生じる。しかし、そこには心の法則の見落としがある。

経営の成功と失敗を分析する際に、どのような戦略を採ったか、価格政策は正しかったか、マーケティングは適切だったかという現象面の分析は大切である。しかし、現実の経営において、それにも増して大切なのは、経営者ないし経営担当者が、どのような心境で、どのような思いを持って、その判断を行ったかということだ。それが成功と失敗とを分けているからである。

事業を成功に導く経営者の心的態度には三つの共通点がある。①成功を志向していること、②それを明示して訴えかけていること、③結果に対して責任を負う態度があること――の3点だ。成功への志向・明示・責任を明確にして経営をする人と、それをしないで経営をする人とでは、同じ経営手法を選択していたとしても、その結果が大きく違う。

要するに、不言実行と有言実行の違いだ。現実の経営では、有言実行のほうが成功の確率は高い。二つの理由がある。一つは、リスクに対する態度だ。

不言実行は、個人の生き方としては一つの美徳かもしれない。しかし、「責任を取らない」スタイルに向かいやすい。失敗したときに、責任を取らなくてもいいように、予防線を張る考え方でもあるからだ。

予防線を張って事業をスタートする人と、予防線を張らずに事業をスタートする人とがいるとしよう。おそらく、予防線を張らない人は、粗野で粗暴に見えるだろう。一方、予防線を張る人は、賢く知的に見える。したがって、学問的には予防線を張る人のほうを高く評価しがちである。しかし、現実の経営で強いタイプは、予防線を張らない粗野なタイプだ。なぜ、そうなるか。予防線を張らない人は、批判を怖れない強い心を持つ人が多いからだ。

退路を断って勝負する人と、逃げ道を確保してから戦う人とが戦ったら、どちらが強いか。能力は同レベルでも、「いざとなれば逃げればいい」と考えている人と、「勝たなければ死ぬ」と考えている人とでは、後者が勝つ可能性が高い。

もう一つは、言葉の創化力の問題だ。「成功する」という言葉を明示し、訴えることは、常にその言葉を自分に言い聞かせることになる。言葉には力があり、磁場を創る力がある。幸福の科学大学で言えば、経営成功学部と名乗ることで、常に成功という言葉を使うことになる。

初対面の人と名刺交換をする度に、経営成功学部の○○です、と言葉に出す。その意味について説明を求められれば、さらに成功について繰り返し言葉に出す。次第に、失敗できない雰囲気が出始める。経営成功学部を卒業して会社を興したら、赤字になったら恥ずかしいと感じる。母校に〝泥を塗る〟ようなことにもなりかねない。成功しなければならないと常に考えるようになり、成功するにはどうしたらよいのかを考え続けることになる。成功に向けた、いい意味での一種の〝箍《たが》〟がはめられるわけである。すると、成功する雰囲気、成功波動が出てきて、それ自体が成功の要因となっていく。

成功の明示は、リスクを負う観点からも、言葉の創化力の観点からも、それ自体に成功を引き寄せる力がある。成功を明示しなければ、責任が生じなくなる代わりに、責任が生じない程度の仕事しかできなくなってしまう。責任が生じるからこそ、その仕事には重みが生じ、価値が生じ、人びとを動かす力になっていく。

経営とは、人・モノ・カネ・情報などの経営資源を集中させて、付加価値を生み出すことである以上、成功を目指さない経営というものは、本来あり得ない。

現在、7割の企業が赤字だということは、「赤字でも仕方がない」と考えている経営者がそれだけ多いということでもある。不況だから仕方がない、自社だけでなく他社も厳しいから仕方がないという、ある種の逃げの姿勢、マイナス思考、守りの発想が、その背景にある。

経営者の心的態度は、企業の業績に大きな影響を与える。したがって、成功と失敗の要因を思いの部分に焦点を当てて研究すべきだと考えるのが、宗教的な視点を含んだ経営成功学であり、現実の経営に対応した実践経営学なのだ。

2　本当の失敗は「心」が引き寄せている

第1節では、経営において成功を目指すことの大切さについて考察を加えた。本節では「失敗」について考察を加える。経営は成功を目指すものだが、現実に、100%成功できるわけではないのも確かだ。大川総裁の『「経営成功学」とは何か』でも、「百戦百勝の新しい経営学」という副題から、「経営成功学では100%成功する方法を教える」と誤解する人も少なくない。しかし、当然だが、経営成功学は100%の成功を保証するものではない。成功の確率を100%に向けて限りなく高めていくという〝意志〟の表明であり、「成功への志向」を実践経営的に明示しているというのが本来の趣旨だ。

現実の経営を見れば、それは失敗の連続である。売れなかったサービスや赤字事業の山だ。しかし、それは結果論であって、最初から失敗しようと思って始めたサービスや事業はないはずだ。

戦争では、「勝つぞ」と言わなければ士気は上がらない。負けるつもりで戦う戦争はない。スポーツの試合を考えれば分かりやすい。相手が格上であったとしても、「勝てるかどうか分からないが頑張ろう」というキャプテンと、「相手は格上だがこれだけ準備したから絶対に勝てる！」と力強く訴えるキャプテンとでは、どちらが勝てる確率が高いか。後者であることは、誰もが経験的に知っている。

経営も同じである。経営の場合、失敗すれば、リストラしたり、倒産したり、借金で夜逃げをしたりと、スポーツの敗戦とは比較にならないほどの大きな責任が生じる。ゆえに同じ次元で語れない部分は確かにある。

確かに、人間は失敗するものだ。実際に7割の企業が失敗している。しかし、だからといって、経営者は、「失敗するものである」という心的態度を基本姿勢にしてよいのだろうか。

また、経営者が実際に、「赤字はあり得るものだ」と考えたらどうなるのか。「赤字とはよくあることだ」と言うと、それは「通常のこと」になってしまう。この考え方には大きな問題がある。心のなかにおいて、すでに赤字を受け入れているからだ。この考え方からは、黒字に向けた必死の奮闘は生まれない。その結果、実際に、赤字に引き寄せられていく。

「7割の企業が赤字だから、わが社が赤字になるのは仕方がない」という考え方は、客観的な事実としては間違っていないだろう。しかし、この言葉の裏には、「失敗しても自分の責任ではない」という考え方が隠れている。我々は、その考え方こそが失敗を呼び込む原因であると見抜き、その考え方を排除することで、成功の確率を上げようとしている。これが経営成功学の立場である。

心のなかで赤字を受け入れることの危険性はいくら強調しても足りない。失敗の真因をくらませるからだ。

成功を志向し、百戦百勝を目指すと言う理由は、単に士気を高めることだけが目的ではない（その効果もある）。本来、黒字が当たり前であり、成功するのが当たり前であり、百戦百勝だって可能なのだと思っているからこそ、そうではない現実に直面したときに、「なぜ失敗したのか」という原因を真剣に追究することができる。失敗の真因にたどり着くためには、真剣に成功を志向しているという前提が必要なのだ。

成功への志向性とは、換言すれば、「赤字は異常事態だ」という考え方だ。あってはならない異常事態であるからこそ、原因追究も真剣になる。経営者を筆頭に全社を挙げて原因追究をすることになる。ここまでして初めて真因に到達できる可能性が生まれ、必要な改善策が生まれる。そして、失敗から教訓を摑んで、次の成功につなげることができる。二度と同じ失敗をしない経営体質をつくることができれば、失敗を機にもう一段優れた会社に生まれ変わることになる。この場合、失敗はもはや失敗ではなく、長期的・総合的に見れば、勝負に勝ったとみなすことができる。これが「常勝思考」（注3）であり、「百戦百勝の経営」という意味だ。

もちろん、経営においては、失敗することもあるでしょう。しかし、そうであっても、それを、さらに次の飛躍のためのバネとして使い、経験として使い、また新たなる事業のチャンスに使い、あるいは、種に使っていくような、たくましさが必要であるわけです。

幸福の科学で説かれている「常勝思考」という教えにも、そのようなところがありますけれども、簡単な言い方をすれば、これは、「転んでもただでは起きない」といった考え方でしょうか。

『経営が成功するコツ』18 - 19頁

このように経営成功学は、失敗の研究を含むものであるが、失敗を考える際には必ず、外部環境に責任を転嫁する発想が出てくる。

筆者が幸福の科学グループの出版事業部門である幸福の科学出版の社長を務め

た際も、出版不況で業界全体の売上が何割も減っている状況であった（注4）。したがって、「業界が不況だから売れないのだ」という話は、客観的事実としては間違っていなかった。

しかし、経営者は決してその考え方を受け入れてはいけない。経営者が受け入れてしまったら、その瞬間から経営は赤字に向けて傾いていく。7割の赤字企業が抱いている〝凡百〟の発想を受け入れることになる。

実践経営学としては、経営者は常に、「外部環境のせいにして真因をくらます」という考え方と戦わなければならないのだ。

ちなみに、幸福の科学出版は、筆者が経営責任者であった2年間で、売上で5割、経常利益で2・7倍に増えている。もちろん、主要な著者である大川総裁の力も含め、多くの人びとの協力のおかげだが、出版不況を受け入れていたら、決して実現できなかった数字でもあった。

ここで付記しておきたいのは、繰り返し使っている「成功」の意味は、必ずしも黒字化して利益を蓄積することだけを指しているわけではないということである。

　成功を志向し、失敗したときには原因を追究し、真因を明らかにして改善することができれば、その組織は一段優れたものへと成長できる。むろん、組織だけでなく、一連のプロセスを経て、経営者をはじめとする関係者自身が人間として成長することになる。我々はそれを「魂の成長」と表現する。これは経営で成功する上での大きな目的である。魂の成長は、人間の幸福を構成する要素のなかでも最も重要なものの一つである。会社の成長を通じて、その構成員である経営担当者や従業員が魂の成長を果たしていく。その体験で得た教訓を結晶化したものが悟りであり、その悟りが真の幸福をもたらす。

　このように、経営成功学では、客観的事実の分析というよりも（それも重要であるし否定はしないが）、主に、宗教的アプローチ、つまり、心の側面からのアプローチで成功と失敗を分析していく手法を取る。

3　お客様だけが〝価値〟を決められる

経営の成功を論じる際に外せないのは「付加価値」に関する論点だ。これは、経営の目的とは何かという論点でもある。

『経営が成功するコツ』では、常勝思考と付加価値に関するたとえ話として、わらしべ長者の説話の例を引いている。ある貧しい男が石に躓《つまず》いて転んでしまうが、そのときにわらしべを摑む。ところが虻《あぶ》が飛び回ってうるさかったので、虻をとらえて結びつけた。すると傍らでぐずっていた男の子をあやすことができた。男の子の母親は感謝してわらを蜜柑《みかん》に交換してくれた。その後、次々と物々交換をして次第に豊かになっていくという話だ。

ポイントは、わらしべだけなら、これという価値はないが、付加価値をつけることによって、違うものと交換できるようになったという点だ。また、「転んでもただでは起きない」という常勝思考の教訓でもある。

商売以前のところで、要するに、「ほとんど価値がない」と思われていたようなものから価値を生み出し、その価値を、他のものと交換するなり、一定の評価を受けることによって増大させていくなりすることが大事でしょう。

『経営が成功するコツ』23頁

このエピソードから筆者が改めて指摘したいのは、「価値とは誰が計るものか」という問題だ。

言うまでもなく、価値とは他の人、つまりお客様が計るものだ。経営する上で、これが極めて重要なポイントとなる。

個人的にわらに付加価値があると思って神棚に祀っても、そこには経済価値は生じない。しかし、虻をくくりつけて子供をあやすことで、ただのわらに蜜柑と交換できるだけの価値が付加される。その価値を決めたのは、泣きじゃくる子供の母親だ。子供の母親が価値を認めたから、蜜柑が入手できたわけだ。

このように、他の人がほしいと思わなければ価値は生じない。逆に言えば、人がほしいものを提供できれば、付加価値を生み出すことができる。

石油の場合で考えてみよう。石油は元々、黒い水としか認識されていなかった。しかし、ランプが使われるようになると、石油を精製してできる灯油に価値が生じた。しかし、灯油に使えるのはせいぜい石油の10％か20％に過ぎないため、残りは捨てていた。その後、内燃機関が発明されると、石油からできるガソリンに付加価値が生じた。内燃機関は、内部で燃料を爆発させてピストンを動かす機能を持っているため、車軸やプロペラを動かすことができるようになり、さまざまな輸送機関に活用されることになった。さらにボイラーが発明されると、重油を霧状に噴霧して燃やし、その熱で水を蒸気にしてタービンを回すことで発電することができるようになった。

その後も、触媒を使い、化学変化を起こし、組成を変えることで、プラスチックや合繊など、さまざまな石油化学商品が生み出され、その度に、石油には付加価値が増していくことになった。新技術や新用途を発見することで、19世紀頃までは経済的な価値がないと思われていた黒い水が、次々と新産業を生み出すほどの付加価値を生み出した。それは、他の人によってその有用性を発見されたからである。他の人が有用性を認めてありがたいと感じたからこそ、その感謝の思いが金銭的な対価となって、経済的な豊かさに結実したと見ることができる。この付加価値の創造こそ富の源泉なのだ。

付加価値を考察する際に、経営者の心的態度として強調しておきたいのは、「富は増える」という考え方の重要性である。対立概念はゼロサムの発想だ。ゼロサムとは、「富の総量は一定であり、誰かが豊かになるのは、一方でその分、誰かが貧しくなっている」という考え方だ。この発想だと、成功や繁栄は収奪であるという結論になってしまう。

確かに、ある局面に限定すれば、ゼロサムに見える局面がある。しかし、人類の歴史を長期的に見てみると、明らかに富の総量は増大している。19世紀前半の江戸時代と、21世紀の現代を比べれば、明らかに経済は成長し、富は増大し、豊かさは実現している（注5）。少なくとも産業革命以降は、GDP（国内総生産）で言えば、数百倍、数千倍以上になっている。石油事業の発展は、菜種油などの植物油の業者を潰した分だけ発展したわけではない。車が走ったり、飛行機が飛んだり、ボイラーで発電したりするのは、江戸時代にはなかったまったく新しい付加価値が生じたからで、何かを奪った結果ではない。

付加価値の創造は、大きくは社会全体の利便性の向上や文明の進歩につながるわけだが、それは一つひとつの企業が黒字化を実現したことの集積である。したがって、経営者は、単に自身の欲得のためではなく、世のため、人のために、正々堂々と黒字を目指して経営にあたるべきだろう。この意味で、決して富を否定してはならないのだ。

産業革命以前の世界のように、富の総量が増えないと考えられていた世界であれば、豊かさは収奪の結果という見解にも一定の合理性は出てくる。その場合、宗教的には戒めの対象にすべきかもしれない。実際、伝統宗教ではそのような立場を取るケースは多い。

しかし、現代は、企業活動によって富を増やし、社会の便益を向上させる道が開かれている。ゼロサム型の発想は、1997年以降、日本のGDPが伸び悩んでいる(注6)原因でもあるだろう。これは社会主義的な発想の影響を受けているとも考えられる。だからこそ、経営者は、この考え方と戦わなければならない。

前節で経営者が赤字を受け入れることの危険性を指摘したが、同様に「富の総量は増えない」という前提に立つと、会社の成長は難しくなる。少子高齢化や人口減も低成長の言い訳に使われやすいが、リピーターを増やし、単価を上げれば、売上は伸ばすことができる。では、どうすればリピーターを増やし、単価を上げられるかと言えば、これまでにない付加価値をつければいいということになる。

ゼロサム型の発想は、経済学や経営学において理論として説明がクリアになる部分があるだろう。しかし、その理論は実は一面しか見ていないものだし、経営の実践という立場からは、「価値は生み出せる」と経営者が心底思わなければ、顧客の支持は得られず、経営不振に陥ってしまう。経営はそんなに甘くはないのだ。

経営者は、多くの人の協力を得て成果を出すことが求められる。人を動かすためには、どのような思いを持って、どのような言葉でそれを表現し、実際の行動に移していくかが問われる。

智慧の観点から客観的な分析も大切だ。しかし、それだけでは人は動かせない。経営者の考え方こそが、人びとを動かし、成果を決めていく。経営者の持つ信念、信条、信仰が大きな影響を持つ。付加価値とは結局、そうした経営者の考え方から生まれてくるのだ。

4　大企業病の本質は「計画経済」だ

経営とはこのように、成功を志向し、明示し、リスクを負って行動するものだが、その反対が役所型の仕事だ。大川総裁は、この点について次のように述べている。

これは、今から二十三、四年前、幸福の科学が、都市部の大きなビルのフロアに事務所を移したころの話です。

そのころ、某大手メーカーの部長をしていた人が出家し、幸福の科学の事務局長をしたことがありました。その人は、名の通った一流会社において、ほかの人よりも早く、四十歳そこそこで、先輩を四十人抜きぐらいして部長になったということだったのです。そこで、こちらも「よほど優秀な人だろう」と思い、事務局長をお願いしました。

ところが、この人と話したときに、最初に出てきたのは、「予算がない」という言葉だったので、これには驚きました。「この団体には予算がない」と言ったので、私のほうが、目をパチクリさせるぐらい、びっくりしたのです。

確かに、大きな会社であれば、全体の資金があり、そこから部ごとに割り当てられた年間予算があって、その予算のなかで、買ったり、売ったり、人件費を払って仕事をしたりするようになっているわけです。

要するに、そもそも予算があって、その予算をつくるための資金は、財務部等が、銀行から会社全体の分を借りてきて各部に割り振り、採算を見ているのが、その会社では普通だったのでしょう。

ところが、当会に来て、「あれ? 予算がない。どうしたらいいんだ」と言ったので、私のほうがずっこけたというか、〝潰れ〟そうになりました。私が、「『予算がない』のではなくて、予算をつくるのだ」と言っても、「えっ?」

という感じだったのです。

『経営が成功するコツ』55-57頁

大企業になると役所型のカルチャーが入り込む。筆者もこの『経営が成功するコツ』のエピソードについては、実は他人事ではないと感じている。9年間大手の石油会社に勤め、1993年に幸福の科学に奉職したが、筆者も「予算がない」ことに驚いたからだ。このエピソードは、経費としての予算のことだと思われるが、筆者が感じたのは、販売計画も含めた予実算管理が行われていないという驚きであった。

大企業では、収入と経費、「入り」と「出」の両方が予算化されて管理されている。石油業界は、厳密に需給予測を行う。必需品ということもあり、毎年の需要がある程度読める。天候による増減はあるが、灯油なら2月がピーク、ガソリンなら8月がピークという予測が効く。需要はある程度決まっているため、それに応じて、年間または半期の予算を月別に展開し、毎月の販売計画をまとめていき、予実算管理を行う。

予実算管理がなければ、仕事ができているのかどうかの判定をどうするのかという戸惑いを覚えたのだ。

このエピソードの教訓は、「予算管理は不要だ」ということではない。そうではなく、「売上は上がってくるものだ」という前提に立つことへの警鐘だ。大企業にいると、売上が上がってくるのが当然だという感覚に陥りやすい。

予実算管理の本質は計画経済である。旧ソ連の5カ年計画のように、目標をノルマとして課し、その到達度を管理していくという考え方だ。

幸福の科学では、このような形での予実算管理は行われていない。経済成長率の数字に合わせて、信者の増加や収入の目標を設定し、各部署に配分して、管理するということは行われておらず、各部署の責任者が自主目標を掲げてその達成度を見るというやり方を取っている。

付加価値のある仕事をするためには、「自分たちで付加価値を創造して稼ぐ」という発想が大切だ。予算の配分や消化ではなく、「予算の創出」が必要となる。組織が大きくなると、管理業務を経営だと考えるようになりがちだが、そうではない。大川総裁が『経営の創造』のまえがきで以下のように指摘されているとおりだ。

「経営」を「管理」や「運営」のことだと思っているなら間違っているといってよい。学級担任がクラスの生徒の生活指導をしているのは「管理」ではあっても「経営」ではない。清掃局が、月・水・金にゴミ収集することに決めて、配車と人員のローテーションを決めても、それは「運営」であって「経営」ではない。

「経営」とは、新しい事業を「創造」し、「守り育て」、「発展」させていくことである。生き残りをかけた「経営」は、防戦一方だけでは十分ではない。日々に「新しき挑戦」がそこにはなければならない。

予実算管理は、ある程度の大きさの組織になると当然必要になってくるのは確かだが、気をつけなければゼロサム型の計画経済の落とし穴にはまりこむ。計画経済の問題点は創造性の余地が少ないことだ。前例踏襲主義に陥ると、経営が安定するように見えるが、誤解だ。創造性が失われれば、組織の成長も失われる。成功の落とし穴としての大企業病であり、このことは常に戒める必要がある。

5 「変身の技術」としてのイノベーション

役所型の仕事や大企業病を破るのはイノベーションだ。

やはり、会社の規模が小さいうちでも、心を込めて取り組まなければばいけないし、中ぐらいになったら中ぐらいの動きができ、大きくなったら大きくなったで、それ相応の動きができるようになっていかなければなりません。そういう〝脱皮〟の仕方、あるいはイノベーションということが非常に大事なのです。

つまり、規模相応、発展相応に、考え方や、やり方、仕組みを変えていく力を持たないと、経営者にはなれないということです。

『経営が成功するコツ』64頁

発展段階に応じてイノベーションを繰り返してきた組織の典型例は幸福の科学だ。

出版事業だけをとっても1980年代以降、何度もイノベーションを行っている。1980年代は霊言集を次々と刊行していたが、1990年代に入ると霊言の刊行はやめて、仏教路線を敷きつつ、大川総裁の説法の経典化を中心とした。

さらに2009年以降、再び霊言の収録が再始動し、現在では公開霊言シリーズを1980年代以上のペースで発刊している。イノベーションに次ぐイノベーションであった。

そもそも1985年に発刊された大川総裁の初の霊言『日蓮聖人の霊言』(注7)自体が、出版業界におけるイノベーションでもあった。売れないのが常識だった宗教書がこの本以来、次々とベストセラーになり、その読者が幸福の科学の信者になっていったわけだが、その現象自体が革新的であった。

ところが、90年代に入ると、ある意味で幸福の科学の成功の象徴でもあった霊言シリーズを捨ててしまう。その背景には、大川総裁本人の思想と、霊言で霊人が語る思想との違いが混乱を招いたこともある。霊言である以上、霊人によって思想が異なるのは当然だが、霊を信じない人から見れば、大川総裁が本によって矛盾することを言っていると理解してしまったわけだ。それでなくとも、著作が膨大な分量に及んでおり、著者自身の考えが見えにくくなっていた。そこで、90

年代以降は理論書を中心に経典を発刊することになった（注8）。霊言の収録を止めたわけではなかったが、本来、宗教的には秘儀にあたるため、教団内部で執り行うことになった。

ところが２００９年に入ると、第3章で詳しく述べるが、再び霊言ニーズが信者の間で高まってきたこともあり、霊言の刊行を再始動する。それもそれまでは秘儀としていた霊言を公開の場で収録し、映像も公開するというイノベーションであり、１８０度の方針転換だ。

30年足らずの教団の歴史のなかで、出版事業の霊言に関するものだけで、３度のイノベーションを断行している。

ほかにも、教団本部を西荻窪から紀尾井町、宇都宮、五反田と次々と移転している。これも教団文化を一変させるイノベーションであった。大川総裁の説法スタイルも、東京ドームなどの大講演会のスタイルから、支部精舎等の自前の施設での説法スタイルへの変更など、度々大きな方針変更を行っている。

いずれも経営トップである大川総裁自身が、規模や状況に合わせて、迅速に考え方を変更していることに起因するイノベーションである。当然、職員は方針変更に合わせて、考え方を変え、行動を変更させる必要が出てくる。

個人の成長という観点では、頻繁な人事異動もイノベーションの効果をもたらす。筆者の場合、石油業界から幸福の科学に来て、出版部門に配属されたが、出版事業は未経験であった。商売の考え方からやり方までまったく違う。その後も、数々の部門を経験したが、その都度、考え方を変える必要があった。逆に言えば、一つの考え方にとらわれることなく、幅広い視野を持つことができたとともに、いつでも過去の経験を捨てて新しい考え方に変更できるという柔軟性を身につけることもできた。また、その世界では当たり前だと思っている常識から離れて、新鮮な発想で物事を判断することも可能になった（注9）。

大川総裁は、この柔軟性について「知的排泄力」と表現している。

あまりに長く、他の企業にいた人の場合は、その〝遺伝子〟が入ってしまうことがあります。

人には学習する能力があるのですが、「学習したことを排泄して捨て去る能力」というものは弱いのです。つまり、捨てることをあまり教わっていないのです。

『経営が成功するコツ』124-125頁

イノベーションとはいわば「変身の技術」だ。もちろん、ただ変わりさえすればよいわけではない。どう変わるべきかという判断のところに智慧が求められる。目的合理性のある変身が必要であり、思いつきや感性だけでイノベーションを図るのは危険である。

学問の世界では、長期にわたる努力と研究の積み重ねが必要だ。しかし、それが却って、過去の実績や考え方を捨てられなくなる原因となり、新しい事態への対応が遅れてしまうことにもなりかねない。経営の世界では、どれほどの努力をしてきたとしても、世の中がそれを受け入れなければ、価値が生じない。努力の価値は、顧客の支持によって生じる。価値判断をするのは自分ではなく、世の中であり、外部である。その目線に合わせてイノベーションを図らなければならない。努力の原理としての蓄積の効果は否定できないが、今後、幸福の科学大学でさまざまな学問を研究していくにあたっては、この点は大きな課題となっていくはずだ。

6 リスクを分散させる屏風型「多角経営」のコツ

経営における智慧として、リスク分散の思想も大切だ。

『経営が成功するコツ』には、「屏風《びょうぶ》のたとえ」という興味深い話が紹介されている。

譬《たと》えて言えば、屏風と同じです。

屏風は、まっすぐになっていたら、パタッと倒れますが、折れ曲がって立っていると倒れません。つまり、屏風であれば、まっすぐになって横に百パーセント伸び切った状態であることは、いちばん経営効率のいい状況を表しているわけです。しかし、この状態の屏風はすぐに倒れてしまいます。

一方、アコーディオンのように曲がって立っていると、屏風が持っているすべての良さを見せ切れない状態ではあるわけです。全体像が見えないという意味では不十分であるし、不満なところもあるでしょう。お客さんにしても屏風の全体像を見たいし、主人からしても見せたいところではあります。ただ、いっぱいいっぱい、百パーセント見せてしまった場合は、倒れてしまって役に立たないわけです。

したがって、非効率に見えるかもしれないけれども、倒れないための「ひだ」の部分というか、そうした「余白」の部分をつくっておくことは、成長していくときに大事な「アイデア」ではあるのです。

『経営が成功するコツ』71-72頁

経営にはある程度の折しろやのりしろが必要だという話だ。

例えば、製造業の場合、大手メーカー一社からの大口受注を獲得し、事実上の完全下請けになれば、経営効率は高くなる。しかし、経営不振や方針変更で発注が減ったりすれば大打撃を受けることになる。そこで、多少効率は落ちても、複数の業者と取引して、リスクを分散させることが必要になる。

その例として、TV番組の「ルーズヴェルト・ゲーム」というドラマがあるが、そのストーリーは、大手取引先から突然の生産調整を受けて窮地に陥る中堅メーカーを舞台に、野球部の廃部や人員削減で危機を脱していこうとするものであった。取引を一社に集中させると、ドラマのように、得意先の会社に生殺与奪《さいせつよだつ》の権を握られることになり、危機管理上大きな問題がある。

また、取引先だけでなく、事業や取扱品目についても一つに絞り込んだほうが効率的だが、リスクも高くなる。メニューを牛丼に絞り込んでいた吉野家が、狂牛病の騒ぎで打撃を受け、その後、メニューを増やさざるを得なくなったのは、その典型だろう（注10）。

幸福の科学出版で言えば、商品の主軸は大川総裁の著作だが、雑誌や一般書の発刊なども手がけて、多角化の準備を図っている。電子書籍やｗｅｂでの情報発信を強化しているのも、リスク分散の狙いが含まれている。

一つひとつの事業の採算性や効率性についてはまだ十分とは言えず、改善の余地はある。しかし、全体としては屏風として安定する効果を生み出している。

幸福の科学グループ全体で見ても、本体である宗教法人のほかに、政党や学園の事業を立ち上げているが、経営の効率性だけで言えば、本業だけに集中すべきだという考え方もあり得る。しかし、将来の成長性の部分とグループ全体の安定性を考えれば、多角化による総合的な効果は上がっている。

幸福の科学グループの多角経営は、創始者である大川総裁が総合商社出身であることと無関係ではないだろう。

総合商社は日本独特の業態であり、時流の変化に合わせて、事業の内容を機敏に変えていく。かつて「ラーメンからミサイルまで」（注11）と言われたように、何でも取り扱う点に特徴がある。これは果敢に新しい事業に挑戦し続けた結果、多角化の効果として組織全体の安定性を実現しているわけだ。

今日、多角化戦略は否定的にとらえられている議論がある。高度成長期以降、大企業はこぞって多角化・総合化を図ったが、その後、選択と集中戦略への展開を余儀なくされたという経緯があるからだ。

当然だが、ここで言う多角化は、リスク分散としての多角化であり、低成長時代における多角化である。高度成長期の野放図な多角化ではない。

では、正しい多角化と、間違った多角化の違いはどこにあるのか。それは、組織の経営理念やミッションに照らして正当であるかどうかという検証によって峻別できる。儲かりさえすれば何でもいいというわけではない。

幸福の科学の場合で考えてみよう。出版事業や政党の立党、学校の設立などの多角化を図っているが、行っていない事業も多い。軽減税率が適用される収益事業には、物品販売、不動産販売、金銭貸付、出版業、旅館業、飲食業、駐車場業、労働者派遣業など34の事業があるが、出版業以外はほとんど行っていない。宗教本体が掲げる人類幸福化というミッションを補完する事業でなければ、原則、展開をしていない。したがって、これは正当な多角化だと言える。

もし、宗教として掲げるミッションとは無関係な事業を行う場合、どうなるか。おそらく、ミッションそのものに〝ゆらぎ〟を与えることになるだろう。このゆらぎを与える多角化は危険である。次章で解説するミッション経営が実践できなくなるからである。

それは、屏風の絵が、折れ曲がった面ごとに違っている状態を意味する。そんな屏風は美しくないし、そもそも一枚の絵として成り立たない。結局、そんな屏風は誰も買わなくなる。

多角化は図っても、一枚の屏風としての統一性は維持しなければならない。これがリスク分散措置としての多角化戦略のポイントである。

7　インスピレーション結晶化の理論

第7節では、経営判断の元になるアイデアの重要性とその源泉について考察したい。

基本的には「アイデア」がなければ成功はしないということです。「アイデアマン」であることが必要なのです。

やはり、起業家は基本的に「アイデアマン」でなければなりません。「前例主義」で物事を考える人の場合、起業家に向いていないのです。

『経営が成功するコツ』75-76頁

創業社長の場合は、通常アイデアの塊だとよく言われるが、グループ創始者の大川総裁も例外ではない。『経営が成功するコツ』では、次のように振り返っている。

幸福の科学の事務所を開いたのは一九八六年ですが、九〇年代に考えていたものだけでも、数千個のアイデアは出しました。

その後、十数年の時間が流れ、今までつくり出してきたアイデアの数は、「万の単位」になったと思います。つまり、万の単位のアイデアが積み重なって、現在の幸福の科学はあるのです。

『経営が成功するコツ』78頁

幸福の科学が大川総裁の万の単位のアイデアによって運営されていることは、決して誇張された数字ではない。

宗教法人の経営については、筆者は宗務本部と総合本部の事務局において10年余りの経営担当としての実務経験があり、大川総裁の経営判断を比較的間近な場所で観察する機会を得た。その間、ほぼ毎日、大川総裁からのご教示があった。それは懸案事項に関する経営判断であったり、新しい事業に関するアイデアであったり、新しい教えに関するものであったり、さまざまなものに及んだ。この論考を執筆している当日も、新しい法話のアイデアが教示され、即日の収録となった（6月7日収録「副総理・財務大臣　麻生太郎の守護霊インタビュー」）。毎日というより、一日に幾つもあったというのが実感だ。

大川総裁の莫大なアイデア創出は、実際のアウトプットを見ても容易に確認できよう。すでに2200回を超える法話・講演を行い、1500冊を超える書籍を発刊している。一つの説法のなかに幾つものアイデアが含まれているため、これだけでも相当なアイデアの数になる。さらに、全国の精舎や支部で行う研修や祈願も自ら考案している。映画も8本製作している。教育事業に関連するテキストも企画・製作・監修をしている。そこに、各局から上がってくる報告に目を通し、さまざまな指示や示唆、アイデア、ヒントを出している。

筆者は、10年以上にわたって、こうした大川総裁の大量のアイデアを実際に取り次ぐ立場に就いており、万単位のアイデアが日々の経営判断となって、教団の未来を築いてきたことを目の当たりにした。

経営に必要なアイデアを考える際に、ここで付記しておきたいのは、アイデアの価値の源泉はどこにあるのかという問題だ。

経営成功学では、それを「天上界（注12）にある」と考える。インスピレーション（霊感）と思いつきは異なる。価値の源泉となるアイデアは、霊的な作用として得られることが多い。したがって、アイデアの獲得は極めて宗教的だ。

しかし、それだけでは、現実の経営に活用できるわけではない。降り注いできたアイデアを現実に変える智慧が必要になる。それが結晶化の作業である。具体的には、日々の勉強が必要となる。経営であれば、経営の実務的な知識が必要となるし、新商品のアイデアであれば、関連する技術や市場に関する専門知識も必要になる。アイデアと現実的な知識が結びついて初めて有益な智慧に結晶化するのだ。

典型例は、ドイツの科学者アウグスト・ケクレ（1829 - 1896）によるベンゼン環の発見だ。ケクレはある日、蛇が自分の尻尾を噛んで環状になっている夢を見て、ベンゼン環の構造を思いついたと言われる。これは霊的なインスピレーションであったと思われるが、ケクレが化学の専門知識を持っていたから結晶化できたわけだ。化学の知識のない別の職業の人が同じ夢を見てもベンゼン環にはつながらなかっただろう。

アイデア自体はすぐに蒸発してしまう揮発油のようなものだ。すぐにとらえて結晶化しないと消えてしまう。結晶化の具体的な工夫は、常にメモ帳を持ち歩くなり、枕元に付箋やノートを置いておくといったものだ。また、繰り返しになるが、関連する分野の日頃の勉強で知識を蓄えておく必要がある。

その勉強は、経営学の一般的な知識が必要となるだけでなく、世の中の出来事を知り、時代の流れを読み、人の気持ちが分かるようになり、そのなかで経営とはどうあるべきかという哲学を持てるものでなければならないだろう。

アイデアやインスピレーションは偶発性が高く、学問の研究対象になりにくい。しかし、実際に急成長した企業の事例を見る限り、創業者は無数のアイデアを出し、結晶化させてヒット商品・ヒット製品を生み出している（注13）。であるならば、実践経営学的な立場から、優れたアイデアを獲得し、具体化させる方法の研究は必要だろう。

宗教的な知見を用いて、アイデア獲得の仕組みを解き明かし、具体的なビジネスに転化する方法を探究することができれば、着実で段階的な成功だけでなく、クォンタムリープ（量子的飛躍）も可能になるに違いない。また、それは経営成功学の使命の一つでもある。

8 ミッション経営がブラック企業批判を克服する

経営に成功する心的態度として、最後にブラック企業の問題について触れておきたい。

ブラック企業には明確な定義はないが、長時間労働や厳しいノルマなどを課す企業を批判する際に使われる場合が多い。一方、待遇がよく定着率の高い企業をブラック企業と対置させてホワイト企業と呼ぶ。経営者の視点でこの問題を考えると、少なからぬ問題がある。

一方、そういう成果主義が嫌いな人もおり、こういう人たちは、共産党系や左翼系のマスコミ等の意見に乗って、一生懸命、「労働強化をさせようとした場合は、ブラック企業である」というような批判を言い始めています。

「とにかく、働かなくても、よい待遇がもらえて、休みが多く取れて、楽だったらよい」「自分の趣味など、ほかのものに価値を見いだして、仕事には価値を見いださない」という方も、おそらくいるでしょう。

こういう方は、「給料分働いてくれればよいな」とは思うものの、残念ながら、経営者には向いていないことは間違いありません。それでは、多くの人たちの生活に責任を持つことができないのです。

その意味で、経営者には、一定の厳しさが要るだろうとは思うのです。その厳しさのところを、単に、「ホワイトか、ブラックか」と考えるようでは、

「甘い」と思います。

『経営が成功するコツ・・』88－89頁

ブラック企業とホワイト企業の論点は、企業の良し悪しを社員の待遇で判断する態度のことだと思われるが、その背景には、労働とは苦役であるという考え方がある。労働から離れることができれば幸福になるという発想だ。

経営成功学では、通常、労働を苦役とは考えない。本多静六（1866－1952）が言うように、「努力即幸福」であり、「人生最大の幸福は仕事の道楽化にある」（注14）。仕事は、本来、神から与えられた自己発揮の場であり、自己修練の場であり、人生そのもののメインフィールドである。

昨今、ワークライフバランスを主張する向きもあるが、ワークとライフは重なっており、切り離せないものである。ワーク＝ライフとまでは言えないにしても、少なくともワークを時間の切り売り的な発想で、多ければ不幸で少なければ幸福という考え方には問題がある。

この背景にはブルーカラーを対象とする考え方の影響がある。確かに単純な肉体労働の世界では、労働が苦役に近くなる部分はある。石油業界にいたときに、実際に幾度か鉱山を訪れたが、典型的な肉体労働で、作業手順は決まっていた。仕事のなかで付加価値を生み出すのは困難だ。厳しい仕事であり、長時間の労働に耐えうる性質のものではない。典型的なブルーカラーであり、その場合は、ワークライフバランスがある程度必要になるだろう。

しかし、今日、就業者の半数以上を占めるホワイトカラーでは、時間労働だけでは論じきれないものがある。顧客との対応、経営管理、アイデアの創出など、時間と成果が必ずしも比例しない業務が多い。ある種の総合的な人間力も求められる。ブルーカラー的な発想で全体を論じるのは無理が生じている。

実際に、最近ではこの観点からホワイトカラーエグゼンプション（ホワイトカラー労働時間規制適用免除制度）も議論されるようになっている。

そもそも幸福の科学では、人生を魂修行の場としてとらえている。幸福の科学の教学に依らずとも、常識的に考えて、家でテレビを見てくつろぐことが人生の目的と使命だと考える人はいないだろう。「私はプロ野球をテレビで観戦するために生まれてきました」と言う人がいるだろうか。いたとしても、人前で言える話ではないし、言うべきでもない。

「何のために生まれきたか」と問いかけたならば、やはり人生のメインフィールドは、仕事のなかにあると言える。幸福の科学教学では、ここに魂の向上があり、成長があり、楽しみがあり、多くの人たちを輝かせる、与える愛の実践の場があると考える。経営者・管理職の立場に立てば、生かす愛の実践の場でもある。仕事は苦役ではなく、素晴らしく尊いものだ。

例えば、作曲家が曲を作るときのことを考えてみよう。食事を取るのを忘れるほど没頭し、夜を徹して曲を書き上げたとする。これは〝ブラック〟なのだろうか。もちろモーツァルトやバッハのような偉大な作曲家に限られた話なのだろうか。もちろん、すべての人がモーツァルトになれるわけではない。しかし、小さなモーツァルトとして、創造性の高い仕事をすることは可能だ。

また、幸福の科学教学では、人の役に立っているときこそが幸福だと考える。筆者は、学生時代にサークルの幹事を務める機会が多かった。楽しいはずのサークル活動が幹事を引き受けると面倒であり大変だ。しかし、あるとき、いつも自分の得にもならないことを引き受けてくれてありがたいという言葉をかけてもらった。そのときに思わぬ幸福感を味わった。お金には代えられない感覚であった。感謝される仕事は幸福感を伴う。人の役に立つには仕事が必要となる。家で休んでいるときに人の役に立つのは困難だ。

本当の仕事の喜びを味わっていれば、ブラック企業への過度な批判はなくなるはずだ。

幸福の科学学園の中学チアダンス部は、2014年4月に国際大会で優勝し世界一になった。当然、厳しい練習を続けていた。大会が終わって彼女らのチームが帰国し、学園に着いたのは真夜中であったが、寮生活を送る生徒たちがわざわざ起きて出迎えて祝福した。チームの優勝は単にメンバーだけの成功ではなく、学園生の成功であり、また教団の成功でもあるという感覚がそうさせたわけだ。厳しい寮生活における真夜中の出迎えは、〝ブラック〟なのだろうか。強制ではなく、自発的なものであり、そこには感謝と祝福の思いがあふれていた。

強いチーム、強い組織、強い会社は、労働時間という点だけで見ればブラックに見えることが多い。しかし、感謝と報恩の精神で人の役に立とうとしている仕事は、それが真剣であるほど、厳しい側面が出てくるし、長時間・長期間にわたる努力が要請される局面も出てくる。

社会主義的発想から来るブラック企業批判には、そうした努力の価値を否定してしまう側面があり、成功から遠ざかる考え方であるため、注意が必要だ。

ブラック企業批判に対する打ち返しの一つの重要論点として、ミッション経営がある。『経営が成功するコツ』にも、「ミッション経営」に関する論述があるが、この論点は特に重要だと考えるので、第3章で詳述することにする。

参考文献
1．大川隆法総裁の著作
大川隆法．（2014）．経営が成功するコツ．幸福の科学出版．
――――．（2014）．経営の創造．幸福の科学出版．
――――．（1995）．常勝思考．幸福の科学出版．
――――．（2012）．仕事と愛．幸福の科学出版．
――――．（2002）．常勝の法．幸福の科学出版．
――――．（2008）．過去と未来の間で．幸福の科学．

2．その他の文献

横山寛美．（２００９）．経営戦略　ケーススタディ．シグマベイスキャピタル．

マディソン，アンガス．（２０００）．世界経済の成長史１８２０～１９９２年．（金森久雄監訳）．東洋経済新報社．

チャラン，ラム．（２００９）．ＣＥＯを育てる．（石原薫　訳）．ダイヤモンド社．

片山修編．（２００７）．本田宗一郎からの手紙．ＰＨＰ研究所．

本多静六．（２０１４）．本多静六の努力論．幸福の科学出版．

ザ・リバティ通巻２３３号（２０１３年９月号）．日本の繁栄を築いた名経営者たち．幸福の科学出版．

注１　国税庁：全国標本調査結果

注２　平成25年６月に閣議決定した「日本再興戦略」に、「２０２０年までに黒字中小企業・小規模事業者を70万社から１４０万社に増やす」とある。

注3　常勝思考については、大川隆法著『常勝思考』『仕事と愛』『常勝の法』などに詳しい。

注4　2014年6月10日付朝日新聞によれば、書籍と雑誌の売上は9年連続で縮小しており、最盛期の1996年と比べて35%減となったという。

注5　1870年から約140年で日本のGDPは約800倍になっている（ザ・リバティ通巻233号、マディソン［2000］参照）。

注6　日本の名目GDPは1997年の523兆円をピークに、一進一退を繰り返している。

注7　当時、潮文社から発刊。その後、大川隆法霊言全集に収録された。

注8　このときのイノベーションの事情は大川隆法著『過去と未来の間で』（非売品）に詳しい。「私は、霊界の証明のために、現証として、霊言集をずいぶん出しましたが、他教団などからは、『霊言集は数多くあるが、理論書があまりないではないか』という批判も出ていました。そういう時代だったのです。私も、それを分かってはいましたが、一九八〇年代においては、まだ、『高級霊の考えを伝えることが大事な使命なのだ』という気持ちがとても強かったわけです。（中略）ところが、いろいろな霊言集のなかには、互いに矛盾する考え方もあったので、『著者自身

は、どのような考えを持っているのか』ということが問われるのは当然でしょう」と、理論書に軸足を移した背景を語っている。

注9　複数部署を経験させることは、経営担当者の育成に有効とされている（チャラン［2009］）。

注10　米国産牛肉の輸入が停止になったことで牛丼は販売中止に追い込まれ、2005年2月期決算で24年ぶりの赤字に転落した。

注11　三菱商事が以前使っていたキャッチフレーズとされる。その後、「ラーメンから航空機まで」と言い換えられた。また、商社は口銭商売を主体とする卸売業であったが、問屋無用論の高まりとともに業態を変化させ、今では事業投資会社としての性格を強くしている。（横山［2009］）

注12　天上界とは、人間が生まれてくる前に住んでいた場所で、いわゆる霊的な世界としての天国であるが、ここでは天上界の中でも神格を持つような高級霊が住む高次元の世界を指す。

注13　例えば、本田宗一郎は、こう述べている。「事業経営の根本は、資本力よりも事業経営のアイデアにある。地主によって代表されるように封建時代においては、所持している土地をもち続け

ることによって、資本そのものにものをいわせて、その地位をたもつことができた。しかし、現在のように世界をあげて目まぐるしく進歩する時代においては、資本力は事業経営における重要さの度合いをアイデアにゆずった。時代にさきがけるアイデアが経営を繁栄に導くのである」(片山，２００７)。

注14　本多静六著『本多静六の努力論』などに詳しい。

第3章
ミッション経営が未来を創る

宗教だからできる「霊的マネジメント」とは何か

1　なぜミッション経営が必要なのか

なぜ、今ミッション経営が大切なのか。第1章でも触れたが、経営成功学において、経営の成功率をいかに上げるかという論点と密接なかかわりがある。営利企業であれ、非営利組織であれ、組織を構成する人びととその影響を受ける人びとを幸福にしていくためには、その事業の成功は大きな条件の一つとなる。事業の成功のためには、さまざまな勉強が必要になる。例えば、経営学に関する知識である。100年以上にわたって営々と築き上げてきた経営学の知見は、少なくともその基本となる部分は押さえておくべきだろう。

しかし、経営成功学において、事業の成功を探究する上で、重要視したいのは、経営者及び経営担当者の心的態度である。成功者の心的態度は、日本では通俗的な印象があるが、アメリカの書店では、成功哲学は一つの大きなジャンルを形成している。これは大川総裁が著書でも指摘しているとおりである（注1）。中国でも同様である。中国の書店では「励志」というコーナーがあり、日本でいう自己啓発に関する本が並んでいる。

成功哲学や自己啓発は、どちらかと言えば個人で勉強するものであり、従来、あまり大学で教えたり、学問として研究したりする対象としては考えられなかったところがある。

しかし、現実の経営を見ると、経営者がどういう心的態度を持っているか、その影響を受けて、従業員がどのような心的態度を持っているかは、定量的な検証は難しいとしても、事業の成否に大きな影響を与えていることは確かである。いわんや幸福の科学大学は、宗教系の大学であり、宗教とは心を専門に扱うものであることから考えても、従来の経営学に加えて、成功学の研究は必要ではないかと考えるし、重要視すべきだと考える。

宗教を信じる立場からすれば、経営者の心のあり様が、日々の経営判断につながり、従業員の考え方に影響を及ぼし、その集積が企業の業績につながっていくことは当然のことだ。実際に経営者として実務を経験した立場からしても、経営者の心的態度がいかに業績に直接的な影響を与えているかは実感できるものだ。

現実に影響を与えているにもかかわらず、学問的な検証が難しいという理由で捨象すれば、理論としては整理されたとしても、現実としては実効性を失うことになる。事業の成功という観点からは、経営者の心的態度の研究は極めて重要であり、落とすわけにはいかない論点だ。

経営者がどういう思いを持っていると成功するのか。あるいは失敗するのか。どういう志を持っている経営者が成功し、あるいは失敗するのか。これを研究する必要がある。

そこから導き出されるものとしては、おそらく、「ミッション経営」（注2）と呼ばれるものが一つの答えとなってくるだろう。大川総裁も、『経営が成功するコ・

ツ・』のなかで、事業を大きく育てるためには、最終的にはミッション経営までいかなければならないと指摘している。

2　ミッション経営とは何か

経営で成功するためには、ミッション経営が必要だ。大川総裁は次のように説明している。

初めは、「熱心で、誠実で、誠意がある」とか、「真心がこもっている」とか、「お客様のことを大事に考えている」とか、そのあたりからスタートして、成功していきます。しかし、一定数の従業員を抱えながら、まだまだ、危機のなかをかいくぐり、成功を続けていかなければいけない立場の人であれば、次は、その熱心さを超えて、「使命感」を持たなければいけないのです。

そこで、「わが社の使命感」というものが必要になってくるわけです。わが社の使命感とは何かに気づかなければいけません。トップが、そういう悟りを開かなければいけないのです。

そして、その「わが社の使命感」を、「経営理念」として、考え、まとめ上げなければいけないでしょう。

『経営に成功するコツ』93頁

ミッション経営は、具体的には経営理念に結実するわけだが、経営理念が経営における成功と具体的にどのように関係しているのかについて、大川総裁はさらに次のように説明を加えている。

「経営理念」があれば、それぞれバラバラのところで仕事をしている社員た

> ちが、「自分たちは、何のために仕事をしているのか」と思ったときに、その「経営理念」に立ち返ることができます。そして、「ああ、自分たちは、こういう目的のために働いているのだ。では、このようにしなければいけないな」と考えるようになっていくわけです。
>
> そういう意味で、「経営理念の結晶化」と、それを、社員教育を通して繰り返し教え込んでいくという「教育」が必要になってきます。やはり、人を伸ばし、人を生かすことが大事になってくるのです。
>
> ここのところで手を抜くと、いつまでたっても、社長一人の能力で全部をしなければいけなくなるため、「経営理念」を繰り返し教え込んで、幹部を育てていかなければいけません。
>
> 『経営に成功するコツ』95頁

経営理念は、現場にいる一人ひとりの従業員が自分で判断するための一つの規範であり、これを明文化し、繰り返し従業員に語り込み、読ませたりすることによって、経営者と同じ判断が現場でもできるようになっていく。すると、経営者の個人の能力を超えた組織の力が引き出されていく。

リッツ・カールトンのクレド（信条）（注3）などは、その好例であろう。

無論、経営理念は単に文章にまとめて掲げれば効果が出るわけではない。経営理念を元に従業員を動かしていくためには、使命感によって、経営理念を結晶化させる必要がある。

こうして、次に出てくるのが、「ミッション経営」というものです。これは、いわゆる、「使命に基づく経営」であり、そのレベルまで行くと、ある意味で、この世での損得や、企業の優劣判定を超えた力が出てくるようになります。

「わが社がこの世に存在するのはなぜか」「なぜ存在しなければいけないのか」「どうして売上が伸びなければいけないのか」「どうして多くの客をつか

まえなければいけないのか」といったことの理由を、社員が、ミッションとして、使命として感じるようになっていくと、それぞれの人に〝松明の火〟がつくような感じになっていきます。

社長が見ていないところでも、社員が自主的にアタックして仕事を推進していくような組織体ができてくるわけです。

そして、基本的には、「どのくらいの人にまで、そのように火をつけられるか」というところが、その会社の規模を決めることになります。

やはり、最終的には、「『ミッション経営』まで行かなければ、社員数が万単位の企業はできない」というように考えてよいでしょう。

『経営に成功するコツ』97-98頁

大事なのは使命という言葉の宗教的な理解だ。使命とは、「命を使わす」ということだが、どこから使わすかと言うと、幸福の科学教学の言葉で言う天上界（注

4）である。天上界から命を受けて、それを地上で実現していくという考え方がそこにある。キリスト教の伝道精神を教育理念とするミッション・スクールで言うミッションの概念と同様だ。このミッションは、宗教的な言葉ではあるが、民間の一般企業であっても、非営利組織であっても、自治体であっても有効である。経営理念をミッションにまで高め、世のため、人のため、人びとの幸福のために事業を営むという考え方は、実際に大きな力になる。

ミッションを考える際に、天上界の視点を入れることとは、「生きている間に成功できればいい」という考え方を超えることを意味する。過去と未来を含めた永続性が生まれるということだ。この視点に基づいて考えると、過去に生きて、その組織の創立や発展に貢献した人が、霊的存在となって天上界で見守っているという視点も生まれてくる。あるいは、自身の死後も事業が営々と続いていくという前提の下に、後世に良き遺産をもたらすという視点も生まれてくる。この意味でのミッションが、組織の経営に織り込まれることによって、その事業は組織の構成員のみならず、お客様にとっても素晴らしいものとなり、事業の継続や永続性への可能性が格段に大きくなることになる。

3 ミッション経営の事例①――柿安本店

実際に、100年以上にわたって継続している企業は、ミッション経営を実践しているケースが多い。

牛肉で有名な柿安本店などは一つの例だ。

柿安本店は1871年創業ですでに140年を超える歴史を持つ。古くから三重県桑名市の牛鍋屋として知られていた。創業者の赤塚安次郎は果樹園の経営者で柿を売っていたため、「柿の安さん」と呼ばれていたことから、屋号が「柿安」となっている。

同社の経営理念は「おいしいものをお値打ちに提供する」というものだ。食品を扱う企業としては、常識的な理念であり、特異な文言でもない。しかし、この言葉には長年にわたる実行と実績の裏づけがある。これが企業の大きな力となっている。

そもそも、柿の販売をしていた創業者がなぜ牛鍋屋を営むことになったのか。それは当時、江戸で牛鍋屋が流行したことに端を発する。柿の業者でありながら、常々「おいしいものを提供したい」と考えていた安次郎は、牛鍋の噂を聞くや、実際に食べてみるべく桑名から江戸に向かった。当時、鉄道は開通していないため、徒歩である。

旺盛な好奇心と進取の気性、抜群の行動力によって、当時の世に出たばかりの牛鍋屋をいち早くその身で味わい、牛鍋屋というビジネスは多くの顧客に喜ばれると確信した安次郎は、地元の桑名で牛鍋屋をオープンする。文明開化の流れのなかで、新時代の象徴でもあった牛鍋屋は繁盛し、店は連日大盛況となったと言われる。

単に江戸の店をそのままコピーしたわけではなく、少しでもおいしいものにするために、秘伝のタレを開発し、牛の肉質の研究を重ね、単に流行に乗ったというレベルとは一線を画した経営を志した。味だけでなく、店の雰囲気作りにも力を入れた。女中にはそろいの矢がすりに赤いたすき、その上から前掛けを着せて、江戸前の雰囲気を演出した。柿安の代名詞でもある牛肉のしぐれ煮はこうしてロングセラーとなった。

以上のエピソードは明治時代の一起業家の成功譚に過ぎない。注目すべきは、同社が、時流に乗って成功した創業者の心的態度を、事業のミッションとして、組織の遺伝子に組み込んだことだ。

同社ホームページには、「おいしいものをお値打ちに提供する」という経営理念のほか、柿安ブランドの柱として、次の文句を記している。

柿安の「誠意」

　食材へのこだわりと、真心のこもった商品やサービス、そして「おいしいものをお値打ちに提供する」の精神のもと、安心・安全にお届けすること。

柿安の「品位」

　商品だけではなく、お店のイメージ、きめ細やかなサービスまでも含めて、老舗ならではの、趣きや信頼感を、ひとつの世界観として表現すること。

柿安の「進取」

　つねに旬の食材を提供する心と、時代の先を読むまなざし、先見の明と探求の精神で、新しい味覚の愉しみと食の喜びを提供すること。

（柿安本店ホームページ http://www.kakiyasuhonten.co.jp/taste/history.html）

　創業者の生き方と実績を、心的態度の側面から端的に言い表したものであることが分かる。

この「誠意」「品位」「進取」は、現在の6代目に至るまで柿安本店のミッションとして、その後の経営に大きな影響を与える。

2001年にはBSE（牛海綿状脳症）問題が起き、国民の牛肉離れが起きた。同社の扱う牛肉には何の問題もなかったが、風評被害が起きて創業以来初の赤字に転落する。当時のトップだった赤塚保（5代目）は、従業員を一人も解雇しないことを宣言した。そして、レストラン7店舗を閉鎖するとともに、惣菜を扱う柿安ダイニングの多店舗展開を図る。2002年に20店舗出店したところ、中食ブームの波に乗ることができ、3年間で売上を倍増させた。こうしてピンチをチャンスに変えることに成功する。

この柿安ダイニングはデパ地下を変えたと言われるほどブレイクした。1号店は1998年に千葉そごうに出した店だ。デパ地下の店としては革命的ともされる「専用厨房」「店内厨房」を用意した。多くの競合店がセントラルキッチンで調理したものを店頭に並べていたのに対し、格安ダイニングは、デパート内に専用の厨房を設け、プロの料理人が現場でつくるというスタイルを取った。その結果、「手作り」「出来立て」をアピールすることが可能になる。さらに、調理の様子を客に公開する店内厨房というスタイルを独自につくり、良い食材を使って、一つひとつ丁寧に料理をする姿を見せた。

こうして、牛鍋屋から事業を育ててきた同社は、精肉店、食品販売、惣菜店、レストラン、和菓子屋と幅広い業態を展開する食の総合企業へと成長し、株式公開も果たしている。売上は424億円（2014年2月期）、従業員3445人（2014年4月）と堂々たる中堅企業となっている。

創業者の変化を怖れず新しいものにチャレンジしていくという心的態度を経営理念にまとめ、組織のミッションに昇華したことで、100年を超える事業の繁栄を創り出したわけだ。

なお、何を変えるべきで、何を変えてはいけないかの判断も重要だが、その判断基準となるのも経営理念であり、ミッションとなる。同社の場合では、「おいしいものをお値打ちに提供する」という経営理念以外は、自由に変えて構わないとされている。これも生き残りの一つの理由になっていると言える。

この意味では、ミッション経営は事業継承の観点からも、非常に重要な研究対象となるべきだろう。

4 ミッション経営の事例②――松下電器

実は、これは宗教経営の特徴でもある。宗教経営とはミッション経営そのものだ。宗教のミッションとは、神から与えられたものであり、したがって、その教えを、子々孫々、ずっと伝え続けていくことだ。だからこそ宗教の組織の寿命は長い。世界宗教ともなれば、1000年、2000年単位で活動が続いていく。

宗教のミッション経営が、一般企業の経営においても応用可能であることは、経営の神様と言われた松下幸之助（1894-1989）が証明している。

松下は、一般に水道哲学と言われる経営理念を掲げ、産業人の使命を訴えて事業経営を行ったことで有名だ。

昭和7年、松下は全店員を集めて、次のような演説を行った。やや長くなるが引用する。

> 産業人の使命は貧乏の克服である。社会全体を貧より救って、これを富ましめることである。商売や生産は、その商店や工場を繁栄させるのではなく、その働き、活動によって社会を富ましめるところにその目的がある。社会が富み栄えて行く原動力として、その商品、その工場の働き、活動を必要とするのである。その意味においてのみ、その商店なり、その工場が盛大となり繁栄して行くことが許されるのである。（中略）
>
> 水道の水は加工され価のあるものである。今日、価あるものを盗めば、と

がめを受けるのが常識である。しかし、道ばたにある水道の栓を捻って、通行人が水を盗み飲んだとしても、その不作法をとがめる場合はあっても、水そのものについてのとがめ立てではないのである。それは、その価格があまりにも安いからである。なぜ価格が安いか、それはその生産量が豊富だからである。ここに、われわれ産業人の真の使命がある。すべての物資を水のように無尽蔵にしよう。水道の水のように価格を安くしよう。ここにきて初めて貧乏は克服される。

精神的な安定と、物資の無尽蔵な供給が相まって、初めて人生の幸福が安定する。自分が松下電器の真使命として感得したのはこの点である。松下電器の真の使命は、生産に次ぐ生産により、物資を無尽蔵にして、楽土を建設することである。

創業五十年記念行事準備委員会『松下電器五十年の略史』

松下がこのような壮大な経営理念を定めるに至ったきっかけになったのが天理教の視察であった。知人の誘いで同教団の本部を訪ねたとき、ちょうど教祖殿の普請《ふしん》中であった。そこで松下が見たのは、普請用の献木が山をなし、本殿の清掃は塵一つなく、会う人はみな敬虔な態度で、無報酬で働く人は喜びに満ちていた姿であった。

これはまさに、対価に応じて、一定の条件の下に仕事を請け負うという一般企業の考え方とは、次元の違う経営のあり方であった。まさしくミッション経営そのものであり、その威力の大きさに衝撃を受けた松下は、早速自社の経営に採り入れ、水道哲学としてその思想をまとめたわけだ。

ミッション経営のもう一つの効果は組織運営におけるスピード（注5）だ。

ミッションが組織の遺伝子になっていない場合、どうなるか。例えば、現場でクレームが起きたときに、対応する従業員が上司に判断を仰ぐとする。上司が分からなければ、本部や本社の判断を仰ぐ。それでも分からなければ社長にまで行くかもしれない。そこまで行くには、かなりの時間がたってしまう。

しかし、経営理念がしっかりと従業員に浸透していれば、その場で判断・解決できるようになる。どちらの企業が、顧客の支持を取り付けて繁栄するかは明らかであろう。

宗教の場合、経営理念で明らかにされる判断基準は、多くの場合、「神の言葉」である。神の言葉を理念とし、ミッションにした場合、当然のことながら、それは大きな力となる。宗教的な説明としては、神の言葉には独特のバイブレーションがあり、それが人びとの魂を揺さぶって、通常の言葉とは異なる影響を与えることになる。

イスラム教で言えば、『コーラン』に書かれているのは、ムハンマドを通して語った神の言葉だ。また、『ハディース』は、ムハンマドの言行録である。二つの聖典が現在も大きな力を持っているのは、そこに書かれているのは人間の言葉ではないと信じられているからであり、世界宗教を実際につくった預言者の言動が記録されているからだ。

これは、悟った人の言葉とそうでない人の言葉の違いで考えたほうが分かりやすいかもしれない。柿安本店の例で言えば、「おいしいものをお値打ちに提供する」という言葉を創業者が言えば、説得力がある。人生をかけて、その言葉のとおりに実践し、実績を出しているからだ。そして、そのことを周囲の人びとは知っている。したがって、その言葉は人びとを動かす力となる。しかし、柿安本店のエピソードを聞きかじっただけの同業者が、まったく同じ言葉を経営理念として掲げたとしたらどうだろうか。おそらく、同様の影響は出ないだろう。

したがって、ミッションは、実践をし、実績を出し、その人の一種の悟りから出たものでなければ、効果は出ない。何か良いことを言えばいいということではない。これが、ミッション経営が成功するかどうかのポイントになる。したがって、その言葉が本当の悟りに裏打ちされているかどうかを検討する必要が出てくるし、だからこそ、宗教の理解が必要になってくるわけだ。

5　ミッション経営の事例③――早稲田大学

ミッション経営は、非営利組織にも有効となる。むしろ、非営利組織こそ、ミッションが重要となる。

それはドラッカーが『非営利組織の経営』の冒頭で、「使命とは何か」と題する章を設けていることからも理解できる。以下、冒頭の一節である。

非営利機関は、人と社会の変革を目的としている。したがって、まず取り上げなければならないのは、いかなる使命を非営利機関は果たしうるか、いかなる使命は果たしえないか、そして、その使命をどのように定めるかという問題である。

P・F・ドラッカー『非営利組織の経営』

ミッション経営におけるミッションの伝わり方には、二つの側面がある。一つは空間的な側面、もう一つは時間的な側面だ。

「空間的ミッション経営」は、ミッションが組織の隅々にまで伝わっていくことだ。経営者が発信したミッションが末端の従業員にまで伝わる。それだけでなく、取引先や顧客にまで伝わる場合もある。

「時間的ミッション経営」は、世代を超えてミッションが伝わっていくことだ。

本節では、この時間的ミッション経営の事例として、筆者の出身校でもある早稲田大学を採り上げる。

早稲田の校歌の三番に次の一節がある。

集り散じて　人は変れど

仰ぐは同じき　理想の光

大学に集う学生は、当然ながら、原則として4年間在校する。入学しても、4年後は卒業していなくなる。早稲田大学の学生は、毎年入れ替わり、常に同じ状態ではない。他の大学でも同様だが、学生は集まっては散じていくというプロセスを毎年繰り返す。そのメンバーは常に変わっていくのに、なぜか、早稲田としての校風がある。その校風をつくるのは建学の理念にほかならない。早稲田の場合で言えば、校歌の一番に綴られている「進取の精神　学の独立」である。早稲田の学生はこの理想の光を、在校時に浴びることになる。

こうして、早稲田の学生は、設立した明治時代においても、大正時代も、昭和時代も、そして今も「進取の精神」を持ち続けている。未知のものに挑戦していく精神を持つに至っている。それは、創立者である大隈重信の精神でもあった。

大隈は、幕末においていち早く西洋の学問を修めた。維新後は薩長による藩閥政治を打倒して政党政治の必要性を訴え、日本初の政党内閣を組織した。この進取の精神が早稲田の校風として、明治15年の開校以来、今に至るまで引き継がれている。典型的なミッション経営の実践例と言えるだろう。

6 ミッション経営の事例④——幸福の科学学園

幸福の科学大学においても、「幸福の探究と新文明の創造」という建学の理念を掲げているが、この精神に則った卒業生を連綿と出し続けていくことを想定したものとなる。

本節では、すでに実績を出しつつある幸福の科学学園（中高一貫校）の事例を紹介することにする。

栃木県の那須にある幸福の科学学園は2010年に開校したが、筆者は201

2年から2年近く理事長を務めた。このときにもミッション経営の威力を実体験する機会があった。

幸福の科学学園・那須本校の経営理念は、「高貴なる義務を果たす、徳ある英才を育てる」というものである。当然、宗教教育も行う。

まだ創立5年目だが、すでに大きな実績を上げ始めている。中学チアダンス部はミスダンスドリル米国際大会のジュニアハイオープン部門で第1位、ジュニアハイ総合でも第1位を獲得し、総合優勝を果たしている。国内大会では三大大会すべてに優勝するという快挙も果たした。高校チアダンス部も、初出場ながらポン部門で準優勝を獲得している。

テニス部も中高ともに関東大会の常連チームとして活躍している。

大学合格実績も、初の卒業生から2年連続で東大に2名合格。2014年度は、東工大、大阪大、名大、筑波大、神戸大、お茶の水女子で合格者を出し、私立では早慶で29人合格している。卒業生が98人であることを考えれば、相当な実績でであると言える。

英語教育も力を入れた効果が出ている。中学2年で英検2級、準2級は珍しくなく、中学1年で準1級を取った生徒もいる。

まさに文武両道の成果が出始めているわけだが、幸福の科学学園の本当の成果としては、やはり徳育の部分となる。

柿安本店や早稲田大学の事例でも見たように、創業者の精神を表した経営理念やミッションが、大きな影響を与えるわけだが、幸福の科学学園のケースで言えば、創立者である大川総裁の思想であり、行動や実績が、校風となり、生徒に感化を及ぼすことになる。

入学式には大川総裁が生徒に向けて直接語りかける。どういう人材になってほしいのかを期待を込めて述べていく。以下は、2010年4月に第一回目の入学式での言葉だ。

また、「勉強ができるだけで終わりではない」ということ、「大学に入るところで終わりではない。それは入り口にしかすぎない」ということを知ってください。

「幸福の科学学園を卒業し、社会に出て仕事ができるようになり、世の中の人々のために役に立つ人間になって初めて、幸福の科学学園生と言える」と述べておきたいと思います。そうなってこそ、ご両親に対して恩返しができるのです。

今朝も、いろいろな方が挨拶で「感謝・報恩」と言っていましたが、幸福の科学学園ができるに際しては、数多くの方々が助力をしてくださいました。

この大川隆法記念講堂の入り口前には、学園建設に尽力された方々の名前が刻まれた銘版があります。そこに刻まれているのは、みなさんのご両親ではない方々の名前です。

みなさんと直接には関係のない方々、血のつながりもない方々が、未来の日本や世界を背負って立つ人材のために、寄付をしてくださったのです。幸福の科学学園は、そういう方々の熱い情熱が加わってできている学園なのです。

また、幸福の科学学園では、先生たちも、教育への情熱で熱く燃えています。

みなさん、どうか、それを受け止めてください。

人間の能力に大きな差はありません。「努力に勝る天才なし」ということを、信仰において学んでいただきたいのです。


『真のエリートを目指して』

努力の価値を述べるとともに、「感謝・報恩」の大切さを力強く説いている。第4節で、神の言葉をミッションにした場合の影響力の大きさ、実績を上げ、悟った者の言葉の強さについて触れたが、幸福の科学学園の場合で言えば、創立者の大川総裁の言葉は、極めて強い影響力を持つ。中学1年で上記のような言葉を戴き、信仰心によって一つの規範として学生生活を送っていくとどうなるか。

チアダンス部の活躍はその象徴の一つだ。彼女らは、自分たちが目立つために世界一を目指したわけではない。彼女らが口癖のように言っているのは、「幸福の科学の教えが正しいことを、私たちが実績を出すことで証明したい」ということである。自分のためだけの成功ではなく、教団としての成功に貢献しようというミッションが入っている。それも単に組織に対する忠誠心ということでも、チームプレイ精神でもなく、信仰に基づいているため、もう一段強い動機に裏打ちされている。ワン・フォー・オール、オール・フォー・ワンの精神でもあるが、チアダンス部の場合、最後のワンは、信仰の対象となるエル・カンターレのことを指す。幸福の科学では、エル・カンターレは神々の主としての存在である。彼女らは、一人ひとりがチームのみんなのために存在すると考え、チームは神々の主のためにあると考えている。彼女らのミッションとはこのようなものである。

するど、不思議なことに、このミッションに基づいた演技は、審査員の心を打つことになる。おそらく、技術ということだけで言えば、同水準のチームはあるはずだろう。彼女らはすべて入部段階では未経験者であり、長年の蓄積があるわけではない。厳しい練習で高い技術を身につけているにしても、それだけでは説明できない部分がある。ミッションが入ることによって、そこに一種の感動が生まれ、それが、幸福の科学の信者でもない審査員に伝わっていく。これは、単なる技術を超えたものがあることを証明しているとも言える。その一つが、創立者の言葉を受けて、「感謝・報恩」の姿勢が学園のミッションとして浸透しているからだろう。

もう一つエピソードを紹介したい。

幸福の科学学園は、2013年に早くも2校目となる関西校を開校した。筆者もその立ち上げに尽力したが、地域のなかで開校に反対する立場の人たちへの対応でさまざまな苦労をすることがあった。しかし、多くの協力者のお陰で2013年2月に落慶式にこぎつけることができた。

落慶式では、那須本校の高校2年生を中心とする合唱部のメンバーが駆けつけて歌を披露したが、歌う前にメンバーの一人が挨拶で前口上を述べた。それは主への信仰の下に、参集した方々への感謝の言葉を縷々《るる》述べるという感動的なものであった。私たちが学園で学ぶことができるのは、皆様一人ひとりが力を尽くして協力してくれたお陰であり、今日はその感謝の気持ちを少しでもお返ししたいと思って那須から来させていただいた、という趣旨の話であった。まさに、「感謝・報恩」の精神にあふれるものであった。

落慶式は、信者以外の人も集まっていた。建設に携わった関係者の人もいれば、学内に出店しているコンビニチェーンの本部の方もいた。本会場ではなく、モニターで見ていた人もいた。ところが、モニターで見ていた一般の人が、合唱部の挨拶と歌を聴いて、「この子たちはすごい。感動した」と言い始めた。会場内の信者だけでなく、モニター会場の信者でもない人に感動が伝わったわけである。

地元の信者も挨拶し、学園が無事に立ち上がるように毎日お祈りしていたということを涙ながらに語ったが、これも工事関係者の心を打った。

筆者は、実際に、式典の終了後に、感動したという本人から直接そのコメントを聞いた。工事を担当した建設会社の人は、学園設立に反対する人から嫌がらせを受けながら、苦労を重ねて落慶の日まで努力を続けてきた。筆者はその方の仕事ぶりを日頃から頼もしく思っていたため、千葉で建設する予定の大学のほうも担当してほしいという依頼を以前からしていた。しかし、関西の人でもあり、反対運動の矢面に立って相当な苦労を重ねてもいたので、千葉まで行って建設を引き受けるのは難しいとも考えていた。本人も「それは会社で決めることなので」と婉曲に明答を避けているようだった。

ところが、この落慶式直後に、その方は「私は決めました。大学の建設も引き受けさせていただきたい」と私に言ってこられたのだ。理由を聞いてみると、学園那須校の高校生の感謝に満ちた挨拶と、地元信者による学園建設成就の祈りの話が彼の決意を促したという。

現在、その人は大学建設の責任者として施工にあたっている。それも、「我々のつくる大学はただの建物ではない。宗教建築であり、神殿である。我ら最高の宮大工たらん」と言って、まさにミッション経営の実践に入っている。

ミッションが伝播したわけだ。創立者の考えが、学園の理念となり、学園の理念が生徒たちを動かし、そして生徒たちから外部の関係者へと伝播した。筆者はそれを現場で実体験した。

この事実はデータの分析や計算では決して予測できないものだ。しかし、ミッション経営によって未来は変えられるというのが現実なのだ。ここに宗教的な視点を入れた経営学の新しい可能性が見えてくるのではないだろうか。

7　ミッション経営の事例⑤——幸福の科学

これまで一般企業と学校法人におけるミッション経営について、実体験を踏まえながら紹介してきた。本節では宗教法人におけるミッション経営を考える。

宗教はミッション経営そのものだ。

世界的な宗教の場合、その組織は巨大である。存続期間も長い。企業は無論、軍隊や政府よりも巨大で長期にわたって存続している。この組織が何を原動力として動いているかと言うと、それがミッションだ。お金では動かない。力でも動かない。ミッションによって動く。

筆者は2006年から2008年にかけて計1年半ほど宗教法人幸福の科学の事務局長を務めた。事務局は、教団経営に関するあらゆる判断を行う部門であり、事務局長は経営の中核を担う経営担当者だ。

なお、幸福の科学は現在、国内の支部・拠点が約600カ所に及び、布教所数は約1万。海外の支部・拠点は約100カ国に展開する。戦後の宗教としては最大規模で、出版事業、政党、学園事業も行う巨大グループとなっている。マネジメントのレベルは、グローバル企業と変わらないと言える。

事務局長当時は、ちょうど大川総裁が、「巡錫《じゅんしゃく》」という形で全国・全世界を説法で踏破し始めた時期で、海外展開に力を入れ始めた時期でもあった。

今から当時を振り返って、ミッション経営の一つのポイントとして深く理解したのは、「経営トップが身をもって示す」ことの大切さだ。

宗教のミッションは、魂の救済であり、魂の救済は法を説くことによって行う。大川総裁は、1990年代には東京ドームで万の単位の人を集めて説法をしたこともあり、また総合本部で収録する場合でも、全国数百カ所の支部・拠点で法話上映をするため、基本的に一度の説法は万単位の聴衆に向かうことになる。

しかし、当時、巡錫という形で、支部を一つずつ回って説法を行った。聴衆の数という観点での効率で考えれば、数百人という単位の説法では、経営的には極めて非効率に見える。

大川総裁は、あえて非効率な選択をした。信者の顔が見える形で説法を行い、自ら伝道の先頭に立ち、身をもって救済行に入った。当時、教団は発展は続いていたが、創業時の苦難を乗り越えて、経営基盤が安定し、ともすれば新しい事業に挑戦する文化が失われつつあると思えるような状況であった。

そんななかで、教祖が自ら先頭に立って、「不惜身命《ふしゃくしんみょう》」の理念を打ち出し、来る日も来る日も全国の支部を回り始めたのである。2007年に巡錫を始めてからの大川総裁の仕事量は爆発的に増えた。それも年々増加し、とどまることがない状態で今日まで続いている。

説法の回数が増え、経典の発刊数も増えた。数だけでなく内容も幅広くなった。時事的な説法が増え、海外に出向いて英語による説法も行うようになった(注6)。また、説法から書籍化へのスピードも飛躍的に加速し、2014年に入ってからはついに説法の翌日に書店で発刊できるまでになった(注7)。2009年には政党を立ち上げた。2010年には学園事業も始めた。非公開だった霊言も、積極的に公開した。語学や受験用のテキストの製作も始めた。宇宙人リーディングや遠隔透視といった新基軸も打ち出した。教団経営としては、女性の理事・局長への抜擢、20代の理事長への抜擢も行った。

巡錫開始以来、わずか数年で教団の組織風土は激しく変貌したと言える（注8）。ここで特に指摘しておきたいのは、一連の教団の新規事業やイノベーションにおいて、常に大川総裁が先頭に立っていたという事実だ。

ミッション経営は、単に経営理念を紙に書いて壁に貼ればいいというものではない。現在、幸福の科学の教団としての組織風土には、確実に挑戦とイノベーションの遺伝子が入っている。それは教祖が、現状維持をよしとせず、実践を伴って行動に示し、挑戦と変革の必要をミッションとして説いたからである。現在の教団の多角経営は、こうして始まっている。

8　ミッション経営の事例⑥——幸福の科学出版・公開霊言シリーズ

大川総裁の率先垂範の姿勢は、当然ながら、教団幹部や職員、信者に大きな感化を与えた。筆者が幸福の科学グループの出版部門である幸福の科学出版の社長を務めた２００９年から２０１１年にかけての時期が、ちょうどのその変化の時期であった。本節では、ミッション経営が当時の出版部門の事業戦略にどのような影響を与えたのかを簡潔に振り返ってみる。

２００９年は『勇気の法』という経典が発刊された年である。幸福の科学では、１９９９年に『繁栄の法』が発刊されて以来、毎年『〇〇の法』と題する「法シリーズ」が発刊されるようになっている。法シリーズに盛り込まれた言葉が、その一年の教団運営の重要コンセプトになる。また、ベストセラーになることで社会的に大きな影響も与える。

したがって2009年は「勇気」がコンセプトであった。『勇気の法』のあとがきには、こうある。


今はなき実父・幸福の科学名誉顧問、善川三朗は二〇〇三年八月十二日に、満八十二歳を目前にしてこの世を去った。父が、息子でもある私に対して託した遺言は二つある。

その一つは、「学校を創らなくてはだめだ。大学まで考えよ。」ということだった。今、私は、創立者として、『幸福の科学学園中学・高校』を建設中であり、二〇一〇年春に開校の予定である。そして、その三年後には『幸福の科学大学』も創立の予定である。

父の託した第二の遺言は、「『勇気の法』を出版しなくてはならない。」だった。父の最後の言葉を聞いたのは六年近い前だが、ようやくここに『勇気の法』が完成し、出版の運びとなった。

中高と大学設立の構想が述べられているが、この年は幸福実現党も結党している。まさに挑戦に次ぐ挑戦の年となった。勇気は行動に先立つものである。勇気がなければ行動に移せない。特に新しいことに挑戦する場合はリスクが大きい。それを乗り越えて勇気を出せ、というのが2009年のミッションとなった。

大川総裁自身が挑戦の先頭に立ったのは既述のとおりだが、この方針を受けて、教団全体に挑戦の風土が浸透することになった。筆者の場合は、総裁の著書（経典）を解説するセミナーを一般向けにトライした。教団の講師は、信者に向けて説法する機会は多いが、信者ではない外部の一般に向けて話をする機会はそれほど多くない。しかし、それでは伝道は進まず、宗教としてのミッションを果たせない。そこで、勇気を出して、一般向けのセミナーを行うことになった。国内だけでなく、海外でも行った。北京やサンパウロでもセミナーを開いた。中国の成都で行ったセミナーでは、300人近くの学生が集まった。

出版事業の海外拠点も開発した。幸福の科学出版としては初めてとなる海外の現地法人をブラジルのサンパウロに設立した。現地の発刊記念セミナーには800人以上の人が集まった。

2009年の出版戦略で大きな変化と言えば、現在の「公開霊言シリーズ」に連なる霊言の本格的な再始動である。当時、霊言は宗教的には「密」にあたる部分であり、霊言の収録は非公開であった。1980年代に盛んに収録した霊言も、信者向けの内部経典の扱いとなっていた。ところが2009年は幸福実現党を立党したことで、急速に政治的な考え方を整理する必要が生じていた。北朝鮮や中国との外交問題がクローズアップされ、一つの国難が迫りつつあるなかで、外交に関する見識が高いと思われる諸葛亮孔明の霊言を収録した。その内容は、さすがに史上最高の軍師と言われるだけの高度な識見に満ちたハイレベルなものであった。そこで、異例ながら、大川総裁の経典として企画していた『政治に勇気を』

という、幸福実現党宣言③である経典に、諸葛亮孔明の霊言を収録することを筆者から提案し、実際に収録して発売することになったわけである。常日頃から大川総裁から「智慧を出しなさい」という指導をいただいていたため、自分なりのアイデアとして企画したものだった。

その後、筆者は、幸福の科学の支部を巡回して、出版部門の責任者として、経典の普及活動にあたっていたが、信者に対して経典『政治に勇気を』に諸葛亮孔明の霊言が収録されていることを説明したところ、こちらが驚くほどの衝撃を与え、非常に好意的に受け止められた。霊言は長く封印されていたこともあり、実は信者は霊言を渇望していたのである。それが実地のマーケティングによって判明された。

２００９年7月に大川総裁と面談する機会があったため、霊言の需要があることを報告した。この報告が直接のきっかけになったのかどうかは分からないが、大川総裁は、その日に新たな霊言「金正日守護霊の霊言」、「鳩山由紀夫守護霊の霊言」を収録した。それは7月中に書籍化され、新聞広告も出し、これが霊言の復活のきっかけとなった。

その後、幸福の科学の元信者が霊媒として、霊言スタイルの団体として立ち上げた団体が、幸福の科学では霊言が降ろせなくなっているという批判をし始めたこともあり、霊言のPRの必要性が高まった。そこで1980年代に収録した霊言のなかから、最も人気の高かった坂本龍馬と勝海舟の霊言を編集して、十数年ぶりに外部に売り出すことにした。それが2009年12月に刊行した『坂本龍馬・勝海舟の霊言』だ。

しかし、坂本龍馬霊より、古い霊言の出し直しではいけないというクレームが入り（注9）、翌2010年1月6日に、改めて坂本龍馬の霊言を新たに収録した（『龍馬降臨』）。これは、単に霊言が復活したというだけでなく、「公開の場」で収録するという新しいスタイルであった。宗教的な秘儀である霊言の収録を公開の場で行い、映像を支部等で上映するわけであり、宗教としては相当なリスクがあったが、２００９年以来の勇気のミッションに基づいて断行することになった。

以後に収録された霊言は、ほとんどすべてが公開されているため、詳細な説明は省くが、歴史上の偉人から現代の政治家、マスコミ関係者、学者、文学者、芸能人まで幅広い対象で霊言を収録し、２０１４年6月1日に収録した大隈重信の霊言で、公開霊言としては５０１本目を数えることになった（『早稲田大学創立者・大隈重信「大学教育の意義」を語る』）。

その後の流れということで言えば、宇宙人リーディングや遠隔透視リーディングなど、大教団としての地歩を高めた段階としてはハイリスクで、ある意味で批判を浴びやすいジャンルを開拓し、一般書店で売り出すなどの挑戦を重ねている。

経営理論として一連の流れを説明するとすれば、霊言を中心とする書籍展開は、ブルー・オーシャン戦略（注10）と言えるだろう。大川総裁も、『忍耐の時代の経営戦略』のなかで次のように説明している。

幸福の科学も霊言集などを出していますが、これも、ある意味では、ブルー・オーシャン戦略なのかもしれません。こうした本を、これほど出せるところがほかにないので、出しまくっています（注。霊言集は、二〇〇九年末から二〇〇冊以上を発刊している）。

先日、『大川総裁の読書力』（幸福の科学出版刊）出版記念パーティー」に、渡部昇一先生がわざわざ来てくださり、そのスピーチで、「この霊言集というものをどんどん出して、世界に類のない、一つのジャンルをつくり、大成してほしい」ということを言ってくださったようです。

これは、ある意味でのブルー・オーシャン戦略のことを言っているのでしょう。ほかに、競合するものがそれほど出てくるのでなければ、シェアをざあっと押さえてしまった場合、もはや敵のいない大海原、青海原をつくれてしまうわけです。要するに、「類似品が数多く出回る前に、シェアを押さえてしまう」ということです。

実際には、「霊が降りてきてしゃべる」というようなものはあるし、広告は打てなくても、本を出しているところもないわけではないのです。しかし、当会のように、有名な人の霊言がどんどん出てくるようなところはありません。そういう本（霊言集）はそれほど出せるものではないからです。そのため、一つのところで信用が固まると、ほかのところは、そんなに簡単には信用は取れなくなります。

そういうわけで、これは、「ある意味でのブルー・オーシャン戦略をやっているのかもしれない」ということに思い至りました。

正直なところ、２００９年段階において霊言の復活を企画したのは、今日に至る流れを予測していたわけではない。苦し紛れの智慧とでも言うべきものであった。しかし、深刻な危機感のなかで何とかしてミッションを果たさなければならないと考えたところから、思わぬ事態の展開が生じたと言えるだろう。

振り返ってみても、霊言のなかには反発や批判が予想されたり、確実に物議をかもす可能性のあるものも多く（注11）、相当なリスクを負いながらの事業だった。しかし、だからこそ、他の追随を許さぬブルー・オーシャンに漕ぎ出すことができたわけでもある。結果論だが、なぜこのような形で、リスクに挑戦する勇気が生じたのか。やはり、それは経営トップが自ら率先垂範で示した伝道に向けたミッションが、組織の風土として筆者を含めた教団職員や信者に浸透したからだろう。その意味で、２００９年以降、公開霊言シリーズの発刊に代表される出版事業のイノベーションは、ミッション経営によるものと言える。

9　宗教経営における「霊的マネジメント」とは何か

最後に宗教のミッション経営における霊的マネジメントの重要性について触れ

ておきたい。

筆者は9年ほど宗務本部にいて大川総裁の近くで執務をした。大川総裁は霊能者であるため、こちらが心のなかに思ったことが伝わってしまう。その想念が経営判断に影響を与える。したがって想念の管理が重要な仕事になる。間違った思いや悪い思いを持てば、たとえ言葉や行動になっていないことでも、問題になってしまう。ある意味で刃の上を歩いているような緊張感を強いられる。

したがって、相当強いミッションを感じていないと務まらない仕事でもある。これは霊的マネジメントとでも言うべきものかもしれない。「思い」の部分に焦点を当てて、想念を管理し、さまざまな経営判断を重ねていくということだ（注12）。

リッツ・カールトンのクレドにしても、文章にして掲げているが、その前には「思い」があったはずである。クレドにどのような文章を綴るのかについては、無限の選択の余地があった。そのなかで、何をミッションとして定めるか。これを選ぶときに、経営成功学では、その着想や判断が、何に基づいたものなのか、ということを問うことになる。それは、幸福の科学教学で言う「天上界」からインスピレーションを得たものなのかどうか、という意味だ。

この世で、目に見える利害関係の下に、損得勘定で有利・不利で判断するものは、損得計算以上のものにはならない。しかし、天上界から降りてきた判断の場合、損得計算を超える効果を出すことがある。第6節で触れた幸福の科学学園のエピソードはその典型である。なぜ、高校生の挨拶と歌が人びとの心を揺さぶったのか。歌のうまさや演出効果では計算できない効果が生じたのはなぜか。その一つの説明が、彼女らのミッションが純粋で透明で、天上界に通じるものであったために人びとの心を打ったというものだ（注13）。

このように、ミッション経営は、単に「世のため、人のため」と言えばいいということではなく、そのミッションが本心の部分において純粋で透明なものであるかどうかが問われる。本当の意味でのミッション経営は、霊的なマネジメントにおいて初めて実現できるわけだ。

また、霊的マネジメントの立場からは、より複層的、重層的な「想念の管理」が求められることになる。本論ではないので詳述を避けるが、幸福の科学教学では、死後の世界としての霊界があり、霊界には大きく天国と地獄とがあると考える。その差は、亡くなった後の本人の心境に応じるものであり、良い心境の者は天国に住み、悪い心境の者は地獄に堕ちる。目には見えないが、そうした霊的存在が、数多く存在する。そうした霊的存在は、この世とは別の遠い世界にいるわけではなく、この世界と重なり合いながら存在している。したがって、我々の生きる現実の世界においても、天国の住人（神格を持った指導霊や守護霊）からの良き働きかけや、地獄の住人（悪霊、悪魔、地縛霊など）からの悪しき働きかけがあるということになる。

この考え方を霊的人生観と呼ぶが、この前提に立つと、まったく違うマネジメントが展開してくる。

例えば、何か仕事上の問題が発生したとする。その原因はさまざまなものが考えられる。資金的なものや人事上の措置などが原因かもしれない。しかし、宗教的にはさらにその背後にある霊的真因に迫る。問題の当事者が、悪霊の影響を受けて判断を誤ったのかもしれない。だとすれば、単に判断を変更すればいいということではなく、その人の悪霊の影響を取り除かなければ、また別の局面で判断を間違うかもしれない。いずれ深刻な問題を引き起こす可能性もある。

仕事で悩みが生じると、心が曇る。心が曇れば、天上界のインスピレーションを降ろすことができず、悪霊の影響を受けやすくなる。原則、本人が自身で想念の管理をして解決すべきではあるが、仕事量が多すぎて限界を超えていたり、その仕事に適性がなくて悩みになっている場合は、仕事量の調節や人事異動をしなければ、解決できないことになる。幸福の科学の人事異動は頻繁に行われることで知られるが、実はこうした背景がある。思いの段階で修正を図るために、大きな問題を未然に防ぐ措置としても機能しているのである（無論、それだけでなく、状況の変化に機敏に対応するためのスピード経営の側面もある）。

経営の現実は、意識しようとしまいと、自覚しようとしまいと、こうした霊的影響を受けている。なぜある経営者は、次々と優れたアイデアを思いついてヒット商品を出し続けるのか。なぜある経営者は、次から次へと問題を起こし、経営不振に陥るのか。その背景には、経営者の心境によって、天上界の支援を受けられたり、悪霊の影響を受けたりして、経営判断の制度が上がったり、下がったりしているという事実がある。

ミッション経営は、単に使命感を持った経営ということではない。霊的マネジメントを前提にしてこそ有効になる。

経営成功学では、ミッション経営のさらに奥にある霊的マネジメントの視点から、経営の深層に迫り、本質的な問題解決を図ったり、飛躍的な成長を遂げるためのアイデアを獲得したりすることで、経営の成功率を上げる一助としたいと考える。これが次世代の新しいマネジメントの姿であると確信している。

参考文献

1. 大川隆法総裁の著作

大川隆法.(2009).勇気の法.幸福の科学出版

――――.(2009).社長学入門.幸福の科学出版.

――――.(2009).政治に勇気を.幸福の科学出版.

――――.(2009).坂本龍馬・勝海舟の霊言.幸福の科学出版.

――――.(2010).龍馬降臨.幸福の科学出版.

――――.(2011).真実への目覚め.幸福の科学出版.

――――.(2011).真のエリートを目指して.幸福の科学出版.

――――.(2014).究極の国家成長戦略としての「幸福の科学大学の挑戦」.幸福の科学出版.

―――．（2014）．早稲田大学創立者・大隈重信「大学教育の意義」を語る．幸福の科学出版．

―――．（2014）．経営に成功するコツ．幸福の科学出版．

―――．（2010）．伝道Q&A．幸福の科学．

2．その他の文献

小野桂之介．（1997）．ミッション経営の時代．東洋経済新報社．

赤塚保．（2011）．柿安の食べ物商売心得帖．エフビー．

創業五十周年記念行事準備委員会．（1968）．松下電器五十年の歴史．松下電器産業．

松下幸之助．（1986）．私の行き方考え方．PHP文庫．

キム，W．チャン＋モボルニュ，レネ．（2005）．ブルー・オーシャン戦略．（有賀裕子訳）．ランダムハウス講談社．

一條和生＋徳岡晃一郎＋野中郁次郎．（2010）．MBB：「思い」のマネジメント．東洋経済新報社.

注1　大川隆法著『究極の国家成長戦略としての「幸福の科学大学の挑戦」』で「私は、若いころ、二十代でアメリカに行き、アメリカの書店をいろいろ回ってきました。そのときの経験ですが、通俗哲学に分類されるものだとは思うものの、やはり成功哲学が非常に多いのです。ポジティブ心理学系や、成功哲学には、日本にはなかったような数多くのジャンルがありました。アメリカでは、『このように動機づけて、目標を持ってやったら成功する』ということに関しては、ものすごい数の本があります。私は、『これがアメリカの活気の理由だ。成功している理由はここなんだ』という点で、『ここは見逃してはならないところだ』と強く思いました」と指摘している。

注2　ミッション経営は、1990年代に薬害エイズや総会屋への利益供与などの企業不祥事が相次いだことを受けて、慶應義塾大学大学院教授（当時）の小野桂之介が企業活動における使命感の重要性を訴えた際に打ち出したコンセプトであり、単なる株主重視でも、従業員重視でもなく、「世のため、人のため」になる事業観が、真の豊かさをもたらすとした。

注3　リッツ・カールトンのクレドは、次の三つの文章からなる。「リッツ・カールトン・ホテルはお客様への心のこもったおもてなしと快適さを提供することをもっとも大切な使命とこころえています。私たちは、お客様に心あたたまる、くつろいだそして洗練された雰囲気を常にお楽しみいただくために最高のパーソナル・サービスと最高の施設を提供することをお約束します。リッツ・カールトンでお客様が経験されるもの、それは、感覚を満たすここちよさ、満ち足りた幸福感そしてお客様が言葉にされない願望やニーズをも先読みしておこたえするサービスの心です」。

注4　天上界とは、人間が生まれてくる前に住んでいた場所で、いわゆる霊的な世界としての天国であるが、ここでは天上界のなかでも神格を持つような高級霊が住む高次元の世界を指す。

注5　幸福の科学の経営論では、「タイムベース・マネジメント」を重視している。大川隆法著『社長学入門』では、幸福の科学的経営論の17のポイントのうちの2番目のポイントとして挙げている。具体的には、時間を縮める、回転率を上げる、意思決定の速度を上げる方法を紹介している。「意思決定の速度を上げる」方法としては、「現場に近いところで判断させる」ことが有

効だと指摘している。

注6　海外巡錫は、欧米は無論、南米やアフリカなど政情不安定で治安が十分でない地域も含まれている。2010年11月にブラジルで説法した際には、「今回、ブラジルに来るに当たっても、私は、『ブラジルで死んでも構わない』と思って、やってきました。そのため、こちらに到着した当日から説法を開始しました。これが私の気持ちです」と述べている（大川隆法著『真実への目覚め』）。

注7　筆者が大川総裁との対談相手の一人を務めた『究極の国家成長戦略としての「幸福の科学大学の挑戦」』は、2014年5月27日に対談が行われ、その内容は即日編集・製本・印刷され、翌28日に書店で発売されている。本論ではないため、詳しく触れないが出版業界としては革命的なスピード出版と言える。

注8　巡錫を始めた理由について、大川総裁は次のようにも述べている。「私も、本当は静かに瞑想をしたり、本を読んだり、音楽を聴いたり、執筆をしたりすることのほうが好きなのですが、二〇〇七年から、巡錫と称して、全国・全世界の支部や精舎を回っています。効率だけを考える

のではなく、『やはり、人と直接会わなければ、信仰というものは固まらない』と思って、支部や精舎を回っているのです。（中略）その意味で、今までにないカルチャーですが、『汗をかくカルチャー』をつくらなければ駄目かと思います。当会は、頭のよい人が多く、スマートではありますが、やや頭でっかちなので、もう少し、『汗をかくカルチャー』が必要です」。（大川隆法著『伝道Q＆A』）

注9　大川隆法著『龍馬降臨』の冒頭で、大川総裁が事前解説として、「最近、四半世紀ほど前に録った、坂本龍馬ともう一名の人との連名の霊言を発刊したのですが、龍馬さんのほうから、『こんな古いもん出しおって』と、だいぶ叱られました。『時代の流れに合うとらん。今年の龍馬ブームに合わせて、新しい霊言を録らんというのは、そもそも弟子に企画力がない』と、お叱りを受けました」と述べている。

注10　ブルー・オーシャン戦略は、ＩＮＳＥＡＤのボストン・コンサルティング・グループ・ブルース・Ｄ・ヘンダーソン寄附講座教授のＷ・チャン・キムらによって提唱された戦略上の新コンセプトで、競争相手のいない未知の市場空間すべてを指す。既知の市場空間で激しい競争が展開

されるレッド・オーシャンと対比される。ブルー・オーシャン戦略の典型的成功例は、理容業界のQBハウスやサーカス業界のシルク・ドゥ・ソレイユなどである。

注11　鳩山由紀夫、菅直人、野田佳彦、安倍晋三といった、当時現役で活躍中の総理大臣や、柳井正、三木谷浩史などの経営者、マスコミトップ、皇族、欧米や中東の政治的指導者の守護霊の霊言などはハイリスクであったと言える。

注12　「思い」の部分に焦点を当てたマネジメント理論は、幸福の科学が独自に教義として説いているだけでない。その内容は若干異なるが、一條和生や徳岡晃一郎、野中郁次郎らが知識創造経営の実践フレームワークとしてMBB（「思い」のマネジメント）という概念を打ち出している。

注13　大川隆法著『社長学入門』では、霊界からアドバイス（インスピレーション）を受ける方法として、「真剣であること」と「心に曇りがないこと」の二つの条件を上げている。これはミッション経営が霊的波及効果をもたらす条件として読み替えることも可能だと考えられる。

著者＝ 九鬼一（くき・はじめ）

1962年生まれ。早稲田大学法学部卒。共同石油㈱（現JX日鉱日石エネルギー㈱）を経て1993年に幸福の科学に入局。宗務本部長、総本山・日光精舎館長、総合本部事務局長、幸福の科学出版㈱社長、大阪正心館館長、幸福の科学学園理事長などを歴任。現在、学校法人幸福の科学学園副理事長。幸福の科学本部講師として全国で行った説法・セミナーはすでに400回を超えている。また、出版社社長時代にはわずか2年で業績を3倍近くに伸ばしたほか、教団経営、学校経営で安定した実績を挙げ続けている。主な実績に『幸福の科学大学の目指すもの』（幸福の科学出版、2014年）、『大学教育における信仰の役割』（幸福の科学出版、2014年）、『宗教と教育』（人間幸福学叢書、2014年）、「非営利組織の経営におけるトップ・マネジメントのリーダーシップについての学際的考察」（経営成功学研究会、2014年）などがある。

新しき大学とミッション経営

2014 年 6 月 21 日　初版第 1 刷

著　者　九鬼一
発行者　本地川 瑞祥
発行所　幸福の科学出版株式会社
〒 107-0052　東京都港区赤坂 2 丁目 10 番 14 号
TEL（03）5573-7700
http://www.irhpress.co.jp/

印刷・製本　株式会社 堀内印刷所

落丁・乱丁本はおとりかえいたします

ISBN978-4-86395-491-5 C0037

大川隆法ベストセラーズ・大学教育の未来について

副総理・財務大臣

麻生太郎の守護霊インタビュー

安倍政権のキーマンが語る「国家経営論」

経営的視点も兼ね備えた安倍政権のキーパーソン、麻生副総理の守護霊が明かす、教育、防衛、消費増税、福祉、原発、ＳＴＡＰ細胞研究への鋭い見解。

1,400円

元大蔵大臣・三塚博「政治家の使命」を語る

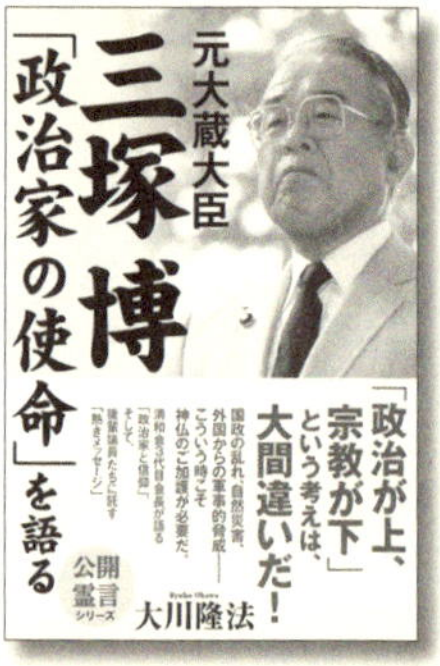

政治家は、国民の声、神仏の声に耳を傾けよ！　自民党清和会元会長が天上界から語る「政治と信仰」、そして後輩議員たちへの熱きメッセージ。

1,400円

文部科学大臣・下村博文守護霊インタビュー

大事なのは、財務省の予算、マスコミのムード!?　現職文部科学大臣の守護霊が語る衝撃の本音とは？　崇教真光初代教え主・岡田光玉の霊言を同時収録。

1,400円

※表示価格は本体価格（税別）です。

大川隆法ベストセラーズ・「幸福の科学大学」が目指すもの

※幸福の科学大学（仮称）設置認可申請中

究極の国家成長戦略としての「幸福の科学大学の挑戦」

※幸福の科学大学（仮称）設置認可申請中

大川隆法 vs. 木村智重・九鬼一・黒川白雲

「世界の人びとを幸福にする」学問を探究し、人類の未来に貢献する人材を輩出する——見識豊かな大学人の挑戦がはじまった！

1,500円

早稲田大学創立者・大隈重信「大学教育の意義」を語る

大学教育の精神に必要なものは、「闘魂の精神」と「開拓者精神」だ！　近代日本の教育者・大隈重信が教育論、政治論、宗教論を熱く語る。

1,500円

※幸福の科学大学（仮称）設置認可申請中

青春マネジメント

若き日の帝王学入門

「先見性」「認識力」「イマジネーション」「マネジメント」「時間管理」「信用」など、若い世代へ贈る珠玉の処世訓・人生訓。著者の学生時代や、若手社員時代のエピソードが満載の一冊。

1,500円

幸福の科学出版
※幸福の科学大学（仮称）は設置認可申請中のため、構想内容は変更の可能性があります。

大川隆法 ベストセラーズ・「幸福の科学大学」が目指すもの

※幸福の科学大学（仮称）設置認可申請中

新しき大学の理念

「幸福の科学大学」がめざす ニュー・フロンティア

※幸福の科学大学（仮称）設置認可申請中

2015年開学予定の「幸福の科学大学」。日本の大学教育に新風を吹き込む「新時代の教育理念」とは？　創立者・大川隆法が、そのビジョンを語る。

1,400円

「経営成功学」とは何か

百戦百勝の新しい経営学

経営者を育てない日本の経営学!?　アメリカをダメにしたMBA!?　――幸福の科学大学（仮称・設置認可申請中）の「経営成功学」に託された経営哲学のニュー・フロンティアとは。

1,500円

「人間幸福学」とは何か

人類の幸福を探究する新学問

「人間の幸福」という観点から、あらゆる学問を再検証し、再構築する――。数千年の未来に向けて開かれていく学問の源流がここにある。

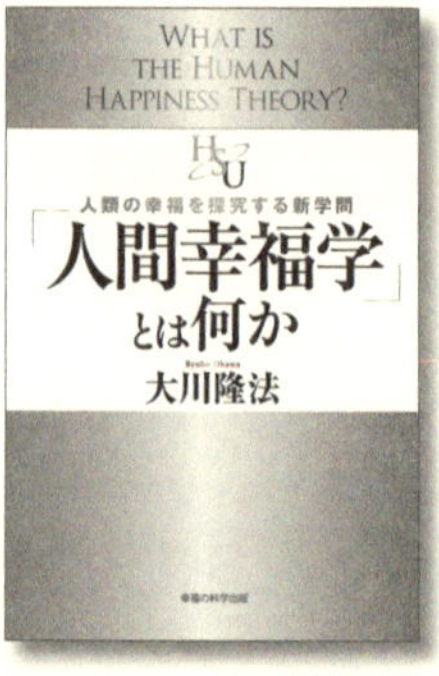

1,500円

※表示価格は本体価格（税別）です。

大川隆法ベストセラーズ・「幸福の科学大学」が目指すもの

※幸福の科学大学（仮称）設置認可申請中

宗教学から観た「幸福の科学」学・入門

立宗 27 年目の未来型宗教を分析する

幸福の科学とは、どんな宗教なのか。教義や活動の特徴とは？　他の宗教との違いとは？　総裁自らが、宗教学の見地から「幸福の科学」を分析する。

1,500円

「未来産業学」とは何か

未来文明の源流を創造する

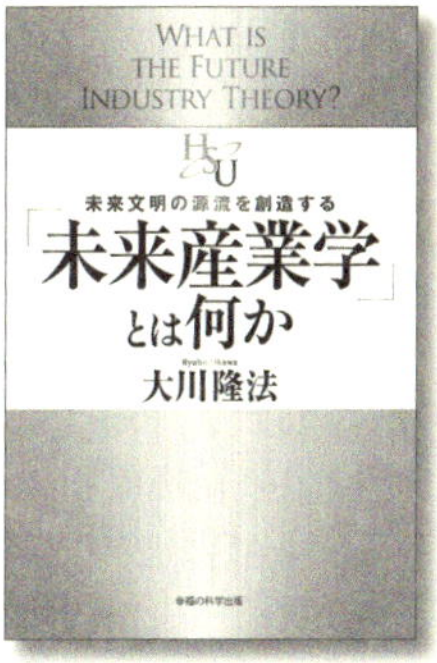

新しい産業への挑戦──「ありえない」を、「ありうる」に変える！　未来文明の源流となる分野を研究し、人類の進化とユートピア建設を目指す。

1,500円

「未来創造学」入門

未来国家を構築する
新しい法学・政治学

政治とは、創造性・可能性の芸術である。どのような政治が行われたら、国民が幸福になるのか。政治・法律・税制のあり方を問い直す。

1,500円

幸福の科学出版

※幸福の科学大学（仮称）は設置認可申請中のため、構想内容は変更の可能性があります。

大川隆法 ベストセラーズ・「幸福の科学大学」が目指すもの

※幸福の科学大学（仮称）設置認可申請中

プロフェッショナルとしての国際ビジネスマンの条件

実用英語だけでは、国際社会で通用しない！　語学力と教養を兼ね備えた真の国際人を目指し、日本人が世界で活躍するための心構えを語る。

1,500円

仏教学から観た「幸福の科学」分析

東大名誉教授・中村元と仏教学者・渡辺照宏のパースペクティブ（視角）から

仏教は無霊魂説ではない。仏教学の権威 中村元氏の死後14年目の衝撃の真実と、渡辺照宏氏の天上界からのメッセージを収録。

1,500円

幸福の科学の基本教義とは何か

真理と信仰をめぐる幸福論

進化し続ける幸福の科学 ── 本当の幸福とは何か。永遠の真理とは？　信仰とは何なのか？　総裁自らが説き明かす未来型宗教を知るためのヒント。

1,500円

※表示価格は本体価格（税別）です。

大川隆法 ベストセラーズ・「幸福の科学大学」が目指すもの

※幸福の科学大学（仮称）設置認可申請中

恋愛学・恋愛失敗学入門

恋愛と勉強は両立できる？　なぜダメンズと別れられないのか？　理想の相手をつかまえるには？　幸せな恋愛・結婚をするためのヒントがここに。

1,500円

「現行日本国憲法」をどう考えるべきか

天皇制、第九条、そして議院内閣制

憲法の嘘を放置して、解釈によって逃れることは続けるべきではない──。現行憲法の矛盾や問題点を指摘し、憲法のあるべき姿を考える。

1,500円

未来にどんな発明があるとよいか

未来産業を生み出す「発想力」

日常の便利グッズから宇宙時代の発明まで、「未来のニーズ」をカタチにするアイデアの数々。その実用性と可能性を分かりやすく解説する。

1,500円

※表示価格は本体価格（税別）です。

大川隆法 ベストセラーズ・「幸福の科学大学」が目指すもの

※幸福の科学大学（仮称）設置認可申請中

もし湯川秀樹博士が 幸福の科学大学「未来産業学部長」だったら何と答えるか

※幸福の科学大学（仮称）設置認可申請中

21世紀の人類の課題解決のための「異次元アイデア」が満載！ 未来産業はここから始まる。

1,500円

政治哲学の原点

「自由の創設」を目指して

政治は何のためにあるのか。真の「自由」、真の「平等」とは何か——。全体主義を防ぎ、国家を繁栄に導く「新たな政治哲学」が、ここに示される。

1,500円

経営の創造

新規事業を立ち上げるための要諦

才能の見極め方、新しい「事業の種」の探し方、圧倒的な差別化を図る方法など、深い人間学と実績に裏打ちされた「経営成功学」の具体論が語られる。

2,000円

幸福の科学出版

※幸福の科学大学（仮称）は設置認可申請中のため、構想内容は変更の可能性があります。

大川隆法 ベストセラーズ・「幸福の科学大学」が目指すもの

※幸福の科学大学（仮称）設置認可申請中

法哲学入門

法の根源にあるもの

ヘーゲルの偉大さ、カントの功罪、そしてマルクスの問題点——。ソクラテスからアーレントまでを検証し、法哲学のあるべき姿を探究する。

1,500円

経営が成功するコツ

実践的経営学のすすめ

付加価値の創出、マーケティング、イノベーション、人材育成……。ゼロから事業を起こし、大企業に育てるまでに必要な「経営の要諦」が示される。

1,800円

人間にとって幸福とは何か

本多静六博士 スピリチュアル講義

幼少期における父親との死別、莫大な借金、そして落第……。さまざまな逆境や試練を乗り越えて億万長者になった本多静六博士が現代人に贈る、新しい努力論、成功論、幸福論。

1,500円

※表示価格は本体価格（税別）です。

※幸福の科学大学（仮称）は設置認可申請中のため、構想内容は変更の可能性があります。

大川隆法ベストセラーズ・信仰に基づいた経営と教育を

忍耐の時代の経営戦略

企業の命運を握る3つの成長戦略

豪華装丁
函入り

2014年以降のマクロ経済の動向を的確に予測！ これから厳しい時代に突入する日本において、企業と個人がとるべき「サバイバル戦略」を示す。

10,000円

教育の法

信仰と実学の間で

深刻ないじめ問題の実態と解決法や、尊敬される教師の条件、親が信頼できる学校のあり方など、教育を再生させる方法が示される。

1,800円

教育の使命

世界をリードする人材の輩出を

わかりやすい切り口で、幸福の科学の教育思想が語られた一書。イジメ問題や、教育荒廃に対する最終的な答えが、ここにある。

1,800円

幸福の科学出版